奇跡講座入門

講話と Q&A

ケネス・ワプニック著
加藤三代子訳

CHUO ART PUBLISHING CO., LTD.
中央アート出版社

A TALK GIVEN ON A COURSE IN MIRACLES,
AN INTRODUCTION

by Kenneth Wapnick

邦訳初版のためのまえがき

本書は、一九八一年五月、コネチカット州マディソンにて、タラ・シンフ氏の主催による九日間の黙想会の一部として、私が一日を受け持って行なったワークショップがもとになっている。このワークショップの録音の書き起こし原稿を希望する声や、『奇跡講座』の簡潔な紹介を求める要請が数多く寄せられたため、それらに応えて、小冊子の形で出版されたのが最初であった。

この小冊子が三度目の増刷を迎えようという頃、スペイン語とオランダ語への翻訳が進められていたこともあり、私はもう一度その原稿に目を通すことにした。そこでたまたまオランダ語の翻訳者から私のもとに、小冊子のもとになったワークショップの録音テープが送られてきた。こうして、私は初めて自分でそのテープを聞くことになったのだが、それにより、講話の約五分の一が書き起こされていなかったことがわかった。初版の小冊子は発売以来ずっと好評であったし、その五分の一がなくても、講話の実質的な内容に大差は無かったが、それでも初版から除外された部分には、内容をさらに充実させるような話題も含まれていた。そこで、増刷に際し、それらをすべて復元させ、原稿にいくつかのマイナーな変更も加えた。話の筋道がより明確になるように、二、三の箇所でいくつかの文を加えたり、文法的にずさんだったところなどを整備したり、といったことである。この第二版（第三刷）が発売されたのは、一九八七年のことだった。

その後もこの小冊子の需要は増え続け、再び増刷の必要が生じたため、その機会に新装版を出そうという話になった。こうして、小冊子は本の形で生まれ変わり、さらに、『奇跡講座』からの引用文に参照番号を付し、後半の原稿を整理し直し、章題をいくつか変更し、講話の中で取り上げた原理が理解しやすくなるような図表を加えた。また、本の末尾には適切な文章を追加した。実は、もともとワークショップの最後の部分はテープには録音されておらず、小冊子は唐突な形で終わっていたのである。私には、およそ九年も前の自分の言葉を思い出すことなどできなかったので、締めくくりの話としてふさわしいと思えた文章を書き加えておいた。こうして、改訂され、増幅された第三版（第四刷）が、一九八九年に発売された。

その後、何度か版を重ねてきたが、これらは、マイナーな編集上の訂正や、『奇跡講座』

本体の引用表記法の変更に対応するための変化に留まっている。
初版以来、こうしてこの本は様々な変遷をとげてきたが、その原稿はあくまで実際に行われたワークショップを記録したものとして、講話ならではのくだけた口調が堅持されている。この日本語版は英語版では最新の改訂第七版の翻訳であり、本書が、日本の皆様にも『奇跡講座』の簡便な入門書としてご活用いただければ幸いである。

謝辞

この書き起こし原稿を提供し、最初にその出版を提案してくれたニュージャージー州マーワーのエミリー・ルヴィエール、実際にワークショップの録音テープから原稿を起こしてくれたフレッド・マーシュに感謝を捧げる。
また、当財団の副理事長である妻のグロリアと出版部門主任のローズマリー・ラルッソにも感謝を捧げたい。この二人の変わらぬ献身と尽力により、こうした本の出版や改訂はもちろんのこと、『奇跡講座』の品位と完全性を保つという当財団のヴィジョンも、その内容と形態の両方において、実現可能となっている。

二〇一一年二月　ケネス・ワプニック

奇跡講座入門　目次

邦訳初版のためのまえがき……3
第一章　『奇跡講座』の背景……11
ヘレンとビル　11
ヘレンの霊視映像／「真の教会」のエピソード
『講座《コース》』口述の開始と筆記作業　24
編集、完成　28
質問：『講座《コース》』を学ぶことへの抵抗について
出版　38
質問：『講座《コース》』の誕生に関与した人々について
質問：『講座《コース》』のタイミングについて
第二章　一なる心の状態――天国の世界……46
『講座《コース》』における二つのレベル　46

第一レベル―実相　49
『講座《コース》』とキリスト教／質問：『講座《コース》』の詩的側面について
神・聖霊・キリスト　57

第三章　間違った心の状態―自我の思考体系……66
A．罪、罪悪感、恐れ　68
「罪悪感」の定義
B．否認と投影　75
フロイトの功績／「贖罪のヤギ」―投影の原型
罪悪感を必要としている自我　84
C．攻撃と防衛のサイクル　89
アダムとイブ―自我の構造の原型／敵をもつ必要
D．特別な関係　98
〈特別な憎悪の関係〉と〈特別な愛の関係〉／〈特別な愛〉

特別性の三つのパターン　105
二つの絵／〈特別な関係〉と〈神聖な関係〉

第四章　正しい心の状態—聖霊の思考体系……………………120

A．怒りと赦し　121
罪悪感を取り消す方法
赦しの三つのステップ　125
罪悪感を正視することの難しさ／赦しの実践の具体例／愛を求める呼びかけ
二者択一の選択　141
キリストの心眼《ヴィジョン》／質問：実践面について
「怒り」についての考察　149
聖書の逸話—イエスの「怒り」／質問：怒りの治癒力について
心理学が捉えた「怒り」の変遷／質問：変化にかかる時間について
B．奇跡の意味　165
宗教的側面　167
時間のカーペット

「自我を超えた存在」の必要性 173
自我の抵抗の激しさ／個人に即したカリキュラム／内なる教師
質問：選択の自由について／質問：瞑想中の自我の抵抗について

第五章　イエス―その生涯の目的……188
因果律―原因と結果 189
復活―死という夢から覚めること
質問：「ここにいなくなる」ということについて
手本としてのイエス 197
質問：聖霊の顕現として赦す

訳者あとがき……205
『奇跡講座』について……210
付録
『奇跡講座』の教義……212

凡例

一．原書では A Course in Miracles という正式名と、the Course という略称が使われているため、訳文では正式名を『奇跡講座』、略称を『講座《コース》』と表記している。

二．〈 〉の使用について―『奇跡講座』には独特の概念を示す語句が幾つも使われているため、それらを訳出した言葉は、文字通りの意味に解釈されないように〈 〉に入れてある。例えば、〈間違った心の状態〉、〈正しい心の状態〉、〈聖なる瞬間〉など。

三．『奇跡講座』からの引用文においては、原書で頭文字に大文字が使用されている単語は、訳文では太字で表記してある。これは、主として、**神**、**聖霊**、**キリスト**、およびそれに関連する概念（第二章の説明で言えば、「第一レベル」に関連する言葉に使われている。

四．本文中の〔 〕は、訳者による説明。

五．聖書からの引用は、いくつもある翻訳の著作権を侵さないように別な訳し方をした。

第一章　『奇跡講座』の背景

『奇跡講座』誕生のプロセスを見ていておもしろいのは、それが書き取られたときの様子や背景が、このコース自体の基本原理を表わすのにもってこいの実例となっていることです。その中心にあるメッセージは、「共通の関心や目標のために、二人の人間が一致協力する瞬間に、救済は訪れる」というもので、ここには必ず、何らかの赦しが必要になります。赦しについては、後から詳しくお話しするつもりです。

ヘレンとビル

『奇跡講座』をもたらした二人というのは、ヘレン・シャックマンとウィリアム（ビル）・

セットフォードで〔原注1〕、ヘレンは一九八一年二月に亡くなっています。この二人はニューヨーク市のコロンビア大学・長老派教会付属医療センターの心理学者でした。一九五八年に、ビルが先にそこで心理学科の責任者になり、ヘレンはその数ヵ月後にやってきました。彼らの関わりの最初の七年間は、ひどく難しいものでした。二人の性格が正反対だったからです。あるレベルでは二人はうまく協力して仕事をこなしていけたのですが、個人的なレベルでは張り詰めた空気が漂い、惹かれながらも反発するという両面感情が見られました。さらには、学部内の同僚や医療センター内の他学部との関わりや、他の医療センターの他分野との協力もかなりむずかしいものだったのですが、そうした雰囲気は大きな大学や医療センターではよく見られるもので、コロンビア大学医療センターも例外ではなかったというだけの話です。

転換点は一九六五年の春にやってきました。それはヘレンとビルが、ニューヨーク市の反対側の端にあるコーネル大学医療センターで、定例の学際的会合に出席しなければならなかった時のことです。こうした会合は、たいていい、競争意識や陰口などで溢れていて、うんざりするようなものでした。これも、大学という環境では非常によくあることです。ヘレンとビルもそうしたことに巻き込まれていて、他の人々を批判したり非難したりしていました。けれども、この日に限って、会合に出かける直前に、普段は物静かで控えめなビルが、非常に彼らしくないことをしたのです。ヘレンに向って熱のこもったスピーチをして、こうした会合や、いつもどおりの問題に対処するのに、もっと良いやり方があるはずだ、と言ったのです。彼は、競争や批判ばかりしていないで、もっと愛情深く、お互いを受け入れるべきだと感じたのです。

それと同じくらい予期せぬことで、いつものヘレンらしくなかったのが、ヘレンの答えでした。ヘレンはすぐにビルに賛成し、その「別の道」を見つけるために彼を助けると約束したのです。こうした意見の一致は、二人にとっては非常にめずらしいことでした。普段は二人とも、相手の批判ばかりしていて、お互いを受け入れることはめったになかったのです。このような一致協力は、『講座《コース》』が〈聖なる瞬間〉と呼ぶ体験の一例であり、最初に触れたとおり、〈聖なる瞬間〉は救済の手段です。

その瞬間がきっかけとなって、ヘレンはその後、次々と予期せぬ体験をし始めます。それはヘレンが目を覚ましているときでも、夢の中でも起こりました。その中からいくつか、特にはっきりと心霊的《サイキック》な性質と共に宗教的な側面が見られるものについてご紹介しましょう。宗教的というのは、徐々に、そこには、決まったようにイエスの姿が現れるようになったからです。当時、ヘレンは五十代の半ばで、非常に戦闘的な無神論者を装っていましたから、こうしたことは予想外のことでした。彼女は無神論者を装うことで、自分に良くしてくれなかったと感じられた神に対する、苦々しい怒りを、うまく覆い隠していたのです。ですから、研究や測定や評価が不可能と判断されるような、曖昧模糊とした考え方のすべてに、攻撃的でした。また、彼女は、研究専門の心理学者として非常に優秀でしたし、明敏で、分析力があって論理的な頭脳をもっていましたから、そういった思考から少しでもそれるようなものには、全く我慢がならなかったのです。

ヘレンには、幼い頃から、一種の霊能力があったのですが、彼女はそれについてはあまり注意を払いませんでした。たとえば、本当はそこにないはずのものが見えるといったことですが、誰にでもそういうことは起こるのだろうと思っていたのです。幼い頃に、一つか二つ、かなり際立った神秘的体験をしたことがありましたが、それについても全く気にとめていませんでした。実は、一九六五年のこの時期まで、そうしたことについて誰にも話したことがなかったのです。だから、こういった体験が次々と訪れ始めたことは、全くの驚きでした。さらに、その体験は彼女をひどく恐がらせました。自分は正気を失ってしまうかもしれないと恐れる気持ちがありました。こうしたことは常軌を逸したことでしたから、もしビルがそばにいて彼女を支え、励ましてくれなかったなら、彼女は（『講座《コース》』を）筆記することをやめていただろうと私は思います。

この点を認識することは非常に重要です。ビルがヘレンを助け、絶えずヘレンと一致協力していたことは、絶対に必要なことだったのです。それがなければ、『奇跡講座』が筆記されることはなかったでしょう。だから、ここでも『講座《コース》』の基本原理のもう一つの実例を見ることができるわけです。この原理は、多くの箇所で何度も繰り返されています。例えば、「救済は共同事業である」（T-4.VI.8:2）、「平安の箱舟には二人ずつ入っていく」（T-20.IV.6:5）、「誰も一人で天国に入ることはできない」（W-pI.134.17:7）などです。この仕事においてヘレンとビルが一致協力していなかったら、このコースも存在していなかったでしょうし、私たちが今日、ここに集まってそれについて話すこともなかったでしょう。

ヘレンの霊視映像

その年の夏には、ヘレンは一続きの霊視映像を、ほとんど連続ドラマのような形で体験しました。これは彼女の意識が普通に目覚めた状態の時に、いろいろな断片的映像としてやってきたもので、夢の中で見たものではありません。この一連の映像は、彼女が人里はなれた湖畔を歩いていて、砂の上に打ち捨てられていた船を見つけるところから始まります。ヘレンには、この船を湖岸から動かして水に浮かべることが自分の役目だとわかったものの、船があまりに砂に食い込んでいたためそれができません。この最中に、見知らぬ人が現れて、彼女を助けようと申し出ます。船の底には、古い送受信セットらしきものがあることに気がついたヘレンは、その見知らぬ人に言います。「たぶん、これが私たちを助けてくれるわ」と。けれども彼は、「あなたはまだその準備ができていない。それはそのままにしておきなさい」と答えます。それでも彼は船を岸から押し出して、水に浮かべてくれました。そのあとも何か問題が起こったり海が荒れたりしたときには、いつもこの男性が現れて、彼女を助けます。しばらくしてから、彼女にはその男性がイエスだとわかるのですが、彼は、人々が通常イエスについて抱いているイメージとはかなり違っていました。彼は、大変な状況になるたびに、彼女を助けに現れました。

この一連の映像の最後の場面で、船はついにその目的地に着きます。それは運河のような場所で、そこではすべてが穏やかで静かで平和でした。船の底には一本の釣竿があります。そして、海の底に垂らした釣り糸の先に引っかかってきたのは宝箱でした。ヘレンは宝箱を見てわくわくします。当時のヘレンは、宝石やありとあらゆるキラキラするきれいなものが大好きだったからです。彼女は箱の中に何が入っているのかを見たくて待ちきれない思いでしたが、箱を引きあげて蓋を開け、中に入っていた大きな黒い本を見てがっかりします。箱の中にあったのはそれだけだったのです。本の背表紙には、アスクレピオスという名前が書かれていましたが、その時点では、ヘレンにはそれがギリシア神話の癒しの神の名前だとはわかりません。そのあと何年もたってから、『講座《コース》』がついに全部タイプされて、論文を綴じる黒いバインダーに収められたときにやっと、ヘレンとビルは、それがあの宝箱の中で見つかった本とそっくりだと気がついたのです。さて、ヘレンはその数日後に同じ宝箱をもう一度見ますが、その時は、その周りには真珠のネックレスが巻きついていました。それからまた

二、三日たって、今度はコウノトリが村の上を飛んでいる夢を見ます。そのコウノトリが運んでいる袋の中にあったのは、黄金の十字架のついた、その黒い本だったのです。そのとき声が彼女に言いました。「これがあなたの本です」と。（これは、『講座《コース》』が実際にやってくる前の夢です。）

もう一つ、ヘレンが体験した非常におもしろい映像があります。その映像の中で、彼女は自分が洞窟の中に入っていくのを見ます。それは非常に古い洞窟で、地面には羊皮紙の両側に棒のついたモーゼ五書の巻物のように見えるものがありました。（モーゼ五書とは、旧約聖書の最初の五巻のことです。）それは非常に古い巻物でした。ヘレンがそれを持ち上げたとたんに、それを結んでいた細い紐がほどけて、ずり落ちてしまいます。巻物を開いてみると、真ん中の部分には「神、在り」という言葉が書かれています。彼女は、それはなかなか素敵だと思いました。そして、さらにもう少し開いてみると、左の方に空白があり、右の方にも空白があります。そのとき声が彼女に言いました。「左を見るなら、過去において起こったことのすべてを読むことができる。そして右を見るなら、未来に起こるすべてのことを読むことができる」と。けれども彼女は言います。「いいえ、私はどちらにも興味はありません。私が望んでいるのは中央の部分だけです」と。ですから、ヘレンは巻物を巻き戻して、「神、在り」という文字だけが見えるようにしました。

すると、その映像を見ていたヘレンに、声が言います。「ありがとう。あの時は良くやった」。その時、ヘレンにわかったのは、その洞窟の中にいた自分が、それ以前には合格していなかった何らかの試験に合格したのだということでした。これが真に意味していることは、ヘレンが自分の才能を誤用したくないという気持を表明したということです。つまり、どんな権力や好奇心のためにもそれを使用したくない、と宣言したわけです。彼女が、唯一、真に探し求めていたものは現在だけでした。神は現在において見出されるからです。

「ワークブック」の中に、「私たちは『**神**、在り』と言って、その後は口をつぐむ。」(W-pI.169.5:4)という文があります。この「神、在り」という言葉を超えたところでは、それ以上言うべきことは何もないからです。この文は、この洞窟の体験を指していると思われます。『講座《コース》』全体を通して強調されているのが、「過去はもはや存在していないし、未来も存在しないのだから未来について心配する必要もない」という考え方です。私たちはただ、現在だけを気にかけるべきなのです。なぜなら、現在においてのみ、私たちは神を知ることができるからです。

「真の教会」のエピソード

もう一つだけ、エピソードをお話ししましょう。ヘレンとビルはミネソタ州ロチェスターにあるマイヨ・クリニックに行って、一日かけてそこの心理学者たちが心理学的評価をどのように行なっているかを調査することになっていました。その前の晩、ヘレンは心の中で、非常にくっきりと一つの教会の画像を見ます。最初はカトリック教会かと思ったのですが、その後、ルーテル教会だと理解します。それがあまりにも鮮明に見えたので、ヘレンはその絵をスケッチしておきました。その霊視の中では、彼女はその教会を高いところから見おろしていました。だからヘレンは、ロチェスターに飛行機が着陸するときに自分たちはこの教会を目にすることになると確信してしまいました。そしてこの教会は、彼女が正気かどうかを判定するための非常に強力なシンボルになってしまったのです。というのも、この頃、彼女は自分の正気を疑っており、こうしたいくつもの内的経験について真に理解できずにいたからです。彼女はもし自分の目でこの教会を見られれば、自分は気が狂っていないという確証が得られて安心できると感じていました。ところが、彼らの飛行機が着陸したとき、教会は見えなかったのです。ヘレンはすっかり取り乱してしまいます。そこで、ビルはタクシーを雇って、二人でロチェスター中の教会を一つ一つ見て回ることにしました。その町には確か二六の教会があったということです。けれども結局、ヘレンの教会は見つかりません。ヘレンの動揺は深まるばかりでしたが、もはや、その晩はあきらめるよりほかありませんでした。

翌日は多忙な一日で、夜にはニューヨークへの帰途につきました。空港での待ち時間にビルは、ロチェスター市についての本を見つけ、ヘレンの夫ルイが興味をもちそうな本だったのでそれを購入しました。すると、その本にはマイヨ・クリニックの歴史が掲載されていて、ビルがそれをぱらぱらとめくっているうちに、ヘレンが描写したのと全く同じ教会の写真が目にとまりました。それはマイヨ・クリニックが建てられる前のその敷地の写真でした。なんと、その教会は、クリニックを建設するために取り壊されていたのです。ヘレンがそれを見下ろすような角度で見たのは、それがもうそこにはなかったからでした。彼女は時間の中にあるその場所を、時間の外から見下ろしていたわけです。このことが分かり、ヘレンはいくらか気分が良くなりましたが、この話はこれで終わりではありません。

ヘレンとビルはシカゴで飛行機を乗り換える必要がありました。すでに夜も遅くなっていて、二人とも非常に疲れていました。二人がターミナルに座っていると、同じ待合室の向かい側に座り、物思いにふけっている一人の女性がヘレンの目にとまりました。外見的には特に変わったところはなかったのですが、ヘレンにはその女性が何か大きな不安を抱えていることが感じ取れました。ヘレンはその女性のところまで歩いて行きました。そういったことは、普段ヘレンはやらないのですが、この時だけはそうしなければならないと強く感じたのです。そうすると、案の定、その女性は非常に動揺していました。彼女は夫と子供を残して家出してきたばかりで、それまで一度も行ったことのないニューヨークへ行くところだというのです。ニューヨークでの滞在費は三百ドルしか持っていないとのことでした。また、それまで飛行機に乗ったことがないため、ひどく恐がってもいました。ヘレンは彼女に親切に話しかけ、ビルのところまで連れていきました。そして飛行機の中では二人で彼女の面倒をみてあげました。彼女は二人の間に座り、会話の中で、自分はルーテル派のキリスト教徒なので、ニューヨークのルーテル教会に泊めてもらうつもりだと、ヘレンに話しました。その時、ヘレンは内なる声を聞きました。「そして、これが私の真の教会である」と。ヘレンはイエスが、教会とは建物ではなく、他の人を助け、その人につながることであると言おうとしていると理解しました。

ニューヨークに到着してから、ヘレンとビルはこの新しい友達のためにホテルを見つけてあげました。おもしろいことに、彼らはその後二、三日の間、何度も彼女と出くわすことになりました。確か、ビルが一度、ブルーミンデール（ニューヨークの大きなデパート）で彼女にばったり出会い、ヘレンは彼女を一、二度、自宅の夕食に招いたということだったと思います。その女性は最終的には家族のもとへ帰っていったのですが、その後も、クリスマスカードを送ってきたりして、ヘレンと連絡をとりあっていました。ある時、彼女からヘレンに電話がかかってきたところに、私が居合わせたこともあります。この話は、心霊現象そのものではなく、その背後にある霊的な目的が大切だということを実証するものとして重要です。そしてこの場合は、他の人を助けるということがその目的でした。

『講座《コース》』口述の開始と筆記作業

さて、十月半ばのある日、ヘレンはビルに言いました。「なんだか、私は全く予想もつかないようなことをしでかしそうな気がする」と。それを聞いたビルはヘレンにノートを買ってきてそれに何でも記録するように言いました。考えたことでも聞こえたことでも、見た夢でも何でもです。ヘレンは助言にしたがいました。彼女は速記ができたので、非常に素早く書き留めることができました。

それから二週間ほどたったある晩のこと、ヘレンはいつもの声が「これは奇跡についてのコースである。記録《ノート》をとってほしい」と言うのを聞きました。パニックにおちいった彼女は、ビルに電話して、「この声がこんなことをずっと私に言い続けているの。どうしたらいいかしら」と助けを求めました。それに対してビルが言ったことは、後々まで感謝されることでしょう。彼は、「声が言っている通りのことをやってみたら?」と勧めたのです。そしてヘレンは言われた通りにしました。彼女は口述を筆記し始め、その七年後には、今私たちが手にしている『奇跡講座』という三部作ができ上がったのです。

ヘレンはその声を、まるで彼女の頭の中にある一台のテープレコーダーのように経験していて、望むままにその声をつけたり消したりできました。ただし、あまり長い間、「消したまま」にしておくことはできませんでした。消しっぱなしにしていると、気持が落ち着かなくなってきたからです。その声はかなりのスピードで語りましたが、それでもヘレンはそれを書き取ることができました。ヘレンの速記が非常に役に立ったわけです。彼女は、これを完全に意識のある状態で行なっていました。それは自動筆記ではなく、トランス状態などの特別な意識状態になったわけでもありません。筆記中に電話が鳴れば、いったんペンを置いて電話に出て用件を済ませ、それからまた、中断したところに戻って続きを終わらせることができました。多くの場合、中断された語句からそのまま書き続けることができたのです。『講座《コース》』のかなりの部分が無韻詩、つまり弱強五歩格の詩の形〔訳注1〕で書かれていることを思えば、これはさらに驚くべきことと言えます。こんなやり方でやっていても、彼女が歩格を間違えたり、声が何を言っているのかを勘違いしたりするということはありませんでした。

おそらくヘレンにとって、この経験の中で最も恐ろしく思えたことは、その声が自らをイエスであると名乗っていたことでした。『講座《コース》』のかなりの部分が一人称で書かれており、イエスが自らの十字架刑について何度も語っています。その声の主が誰なのかは間違えようがありません。けれども、『講座《コース》』は、このコースの教えから恩恵を受けるためにはそれがイエスの声だと信じることは必要ないと言っています。

私の考えでは、そう信じた方が簡単だと思います。そうすれば、このコースを読みながら、頭の中ででんぐり返しをするような置き換えをしなくてよいことになりますから。けれども、『講座《コース》』の原理を実践するにあたっては、それは必要ない、ということです。『講座《コース》』自体がそう言っています。「教師のためのマニュアル」の中に、イエスに関するセクションがありますが、そこには、イエスを私たちの生活の中に受け入れることは必要ではないが、もし私たちがそのようにするなら彼はもっと助けてくれると述べられています。(C-5.6:6-7)〔訳注2〕

ヘレンの心の中では、その声の主がイエスだということは疑いようのないことでしたが、そのせいで、彼女はさらに恐れを抱きました。それは彼女にとって楽しい経験ではありませんでした。それでも彼女が筆記作業を行なったのは、それがなぜか彼女がやるべきことになっていることのように思えたからでした。ある時点で、彼女はイエスにかなり苦々しく苦情を言いました。「どうして私を選んだのですか？　なぜどこかの神々《こうごう》しい修道女か誰か、そういう人を選ばなかったのですか？　私はこんなことをやるのに世界中でもっともふさわしくない人間です」と。するとイエスは言いました。「なぜあなたがそのようなことを言うのかわからない。つまるところ、あなたはすでにそれをしているではないか」と。それには彼女も反論できませんでした。確かに、すでにそれをやっていたからです。だから明らかに、やはり彼女がもっともふさわしかったということのようです。

彼女は毎日、速記用のノートに、『講座《コース》』の言葉を書き取りました。翌日、忙しいスケジュールの合間に、その前日に口述されたものを、今度は彼女がビルに口述しました。そして、彼はそれをタイプしました。ビルは、いつも片手でタイプしながら、もう一方の手でヘレンを支えてあげなければならなかったと、冗談を言ったことがあります。ヘレンにとっては自分が書き取ったものを読むことさえひどく難しいことだったのです。このようにして、口述は書き取られていきました。既に述べたように、このプロセスには七年かかりました。

編集、完成

ほとんどの皆さんがご存知のように、『奇跡講座』は「テキスト」、「受講生のためのワークブック」、「教師のためのマニュアル」の三冊から成っています。「テキスト」はこの三冊の中で一番難しく、『講座《コース》』の基盤となる理論を含んでいます。「ワークブック」は三六五のレッスンで構成されています。一日一レッスンで、一年分あるということです。そして、「テキスト」の実践的応用として重要です。「教師のためのマニュアル」はずっと短く、三冊の中で最も読みやすいものです。質問に対する答えの形になっているからです。それは実際、このコースに出てくるいくつもの原理をうまく要約したものとなっています。その中で、ほとんど付録のように最後に添えられているのが「用語の解説」です。これは、『講座《コース》』本体が終わってから数年後に完成しました。いくつかの用語を定義しようという試みでしたが、読者がそれらの意味をすでに知っていなければ、このセクションを読んでもあまり助けになりません。ただし、このセクションには非常に美しい文章が含まれています。

ヘレンとビルは筆記されたものに修正を加えることはしませんでした。皆さんが今お持ちの本が、実質的に、口述された通りのものです。ただし、「テキスト」は何の分け目もなく一続きに口述されており、句読点や段落分けについての指示もなかったため、二人はセクションや章に分けるということだけはしました。ヘレンとビルが「テキスト」の構成を整える最初の作業を行ない、そのあと私が一九七三年に加わってから、ヘレンと一緒に、再び原稿全体に目を通しました。ですから、セクションに分けて見出しをつけたのは、私たちです。「ワークブック」は、レッスンに分かれていたので、問題ありませんでした。「マニュアル」も、質問と答えに分かれていましたから、今述べたような問題があったのは「テキスト」だけです。しかし、多くの場合、口述されたもともとの文章に論理的な区切りがあったため、それをセクションや章に分けるのは難しくありませんでした。こうした作業の間中ずっと、私たちはイエスの導きに従って編集しており、編集はすべて彼が望んでいる通りに行なわれている、と感じていました。

『講座《コース》』の口述が始まったばかりの頃は、ヘレンとビルが、何が起こっているのか、どうすればお互いを助けられるかが理解できるようにするために、たくさんの個人的な助言が与えられていました。そこには、口述されている内容を彼らが受け入れられるよう助けるためのたくさんの記録《ノート》が含まれていました。ヘレンとビルは心理学者でしたから、彼らの見識と『講座《コース》』が教えていることとの間のギャップを埋める助けになるようにと、フロイトやその他の人々について口述されたものがあります。イエスは、『講座《コース》』の基本的な教えと密接に関連していないという明らかな理由により、これらの記録《ノート》を『講座《コース》』からは削除するようにとヘレンとビルに指示しました。唯一の問題は、こうした削除により、文体のずれからくる斑《むら》が残されたことでした。ですから、私たちは時々、そうした箇所の文面をスムーズにすることだけを目的に、一つ、二つ、語句を追加しましたが、それは内容を変更するためのものではありませんでした。これは、「テキスト」の最初の方の原稿のみで起こったことです。

最初の四つの章の文体には、私たちはいつもてこずりました。それは『講座《コース》』中で最も読みづらい部分と言えます。個人的な記録《ノート》にあたる部分が取り除かれたことで、読んでいて文体に斑《むら》が感じられるからだと思います。私たちはそれをできる限りスムーズにしようと努力しました。それに加えて、口述が始まって間もない頃は、ヘレンが当時起こっていたことをあまりに恐ろしく感じていたために、聞き取りに影響が出ていました。つまり、彼女の聞き取りは、口述されたことの意味という点では損なわれてはいなかったものの、文体やフレーズという点では、しばしば損なわれていました。

例えば、最初の頃は、「聖霊」という言葉は使われませんでした。ヘレンはその言葉をあまりに恐れたため、イエスは「霊的な目」という言葉を使っていました。これは後から、イエスの指示により、「聖霊」と書き換えられました。「キリスト」という言葉も、同じ理由で、最初の頃は使われず、もっと後になって、口述に出てくるようになりました。けれども、一、二ヶ月が過ぎた頃からはヘレンも落ち着いてきて、第五章以降になると、『講座《コース》』は、事実上、口述されたままのものとなっています。

もう一つ口述の中には含まれていなかったのが、頭文字の大文字表記です。ヘレンには、わずかでも神に関連のある言葉の頭文字は大文字にするという傾向があり、編集時にはそれが私の頭痛の種となりました。つまり、どの単語の頭文字を大文字とするか、どの単語はそうしないかが問題となったのです。とはいえ、理解の助けになるようにということで、イエスが大文字にするようにはっきりと指示した単語もいくつかありました。

研究論文などの刊行物のために編集をしているときのヘレンは、自制できないほどの編集癖があり、しかも非常に優秀な編集者でした。だから、『講座《コース》』の原稿についても、その中のいくつかの言葉を彼女自身の文体的好みに合わせて変更してしまいたいと強く感じたことが何度もあったそうです。しかし常に、それはしないようにと告げられたので、彼女はそれに従いました。これは多大な意志力を要することでした。時には、彼女が実際に単語を変えてしまったこともあったのですが、彼女は記憶力が優れていて、どこで自分がそうした変更をしてしまったかを思い出すことができました。ある部分では間違って使われているように思えた単語が、二百から三百ページくらい進んだところでもう一度出てきて、その単語が使われていた理由がわかる、といったこともあり、そのようなときにはいつも、前のところまで戻って、自分で変えてしまった単語をもとに戻しました。

『奇跡講座』の筆記は一九七二年の秋に完了しました。そして私がヘレンとビルに会ったのは、同じ年の初冬のことです。彼らと私の共通の友人が紹介してくれたのです。この友人というのは、心理学を勉強したことのある神父で、私はその秋に彼と親しくなっていました。、彼はヘレンとビルの指導を受けたことがあったので、『講座《コース》』のことも知っていました。当時、私は、イスラエルへ行く準備中でしたが、出発する直前に、彼からヘレンとビルに会うようにと強く勧められたのです。そうして私たち四人はある夕べを共に過ごし、その間に誰かが、ヘレンが書いたという霊性に関する本について口にしました。しかしその話は続かず、その本がどんなもので、どこから来たかといったことについては何も聞きませんでした。

そこはビルのアパートで、ビルが『講座《コース》』を納めた七冊の大きなバインダーが積んである部屋の片隅を指差したのを覚えています。私はイスラエルにはほとんど何も持っていかないつもりでいたので、そのような大作をその時に読み始めるべきではないと、本当に思ったのです。それでも私は、彼らがこの本について話したことには非常に興味をそそられました。とはいっても、彼らはほんの少ししか話しませんでした。

その夜、私はその神父である友人の家に泊めてもらいました。そこでも彼から、その本のコピーを一組持っているので、見たければ見せると言われましたが、やはりどうしてもそれを見る気にはなりませんでした。ところが、イスラエルに行ってからはずっと、その本のことが頭から離れなくなったのです。私はヘレンに手紙を書いて、帰国したときにはぜひ彼女の本を見たいと思っていると伝えました。後になって彼女から聞いたのですが、私はその手紙の中で、「本」という単語の頭文字のBを大文字で書いていたとのことです。自分ではそんなことをした覚えはなかったのです。だいいち、頭文字を大文字にするなどというのは、普段、私がやるようなことではありません。けれども、その時はどうやらそれをやっていたようです。

とにかく、イスラエルにいる間中、私はこの本について考え続けました。そして、その本には何か自分にとって重要なものがあると思いました。私は一九七三年の春に帰国しましたが、初めの予定では、家族や友人としばらく過ごした後は、イスラエルに戻って、ずっと修道院で暮らすつもりでした。それでも私はこの本だけはぜひ見たいと思っていたので、必ずヘレンとビルに会いに行こうと決めていました。そしてその本を見たとたんに、イスラエルへ戻る計画はとりやめて、ニューヨークに留まることにしたのです。

私が見る限り、『奇跡講座』は、私がこれまで見たことのあるものの中で、心理学と霊性が最もうまく統合されたものです。当時の私は、自分の霊的生活に特に何かが欠けているという自覚はなかったのですが、『講座《コース》』を見たとたんに、それこそ自分の探し求めていたものだとわかりました。ですから、探していたものを見つけたなら、それと共にとどまることになるわけです。

『講座《コース》』のことで一つ忘れてはならないことがあります。それは、このコースは天国へ到達するための唯一の道ではないと、『講座《コース》』自体が明確に述べているという点です。「教師のためのマニュアル」が最初の方で、それは何千もある普遍的コースのうちの一つの形態にすぎないと言っています。（M-1.4:1-2）〔訳注3〕『講座《コース》』はすべての人々のためのものではありません。そうであると考えることは間違っています。すべての人々のためというようなものは存在しません。私の考えでは、この世界にもたらされた道の中でもこのコースは確かにかなり重要なものだと思いますが、すべての人々のための道ではありません。このコースが自分に適した道ではない場合には、聖霊が別の道に導いてくれるでしょう。

もしも誰かが『講座《コース》』になじめなくて、『講座《コース》』と格闘したあと、自分はそれを学べなくて落第したと感じるとしたら、それは間違っています。そのようなことは、『講座《コース》』自体が教えようとしていることとは正反対のことです。このコースの目的は、人々に罪悪感を抱かせることではありません！全くその逆です。しかし、これが自分の道だと感じられる場合は、格闘しながら進んでいくだけの価値があります。

質問：　ある時点で私は理解したのですが、多くの人々がこのコースを学び始めるけれども、途中でものすごい抵抗に会うことになるようですね。

回答：　まったくその通りです！　『講座《コース》』を学んでいる途中で、この本を窓から投げ捨てたり、誰かに向って投げつけたりしたくなる時期を通らないとしたら、その人はおそらく、『講座《コース》』をちゃんと学んでいないということになると思います。後からもっと詳しくお話ししますが、その理由を簡単に言えば、このコースは、私たちが普通に信じていることのすべてに真っ向から対立するからです。そして、正しかろうと正しくなかろうと、私たちは他の何よりも自分の信念体系に頑固にしがみついていようとするものです。『講座《コース》』の中に、あなたは自分の正しさを主張したいのか、幸せでありたいのか（T-29.VII.1:9）という問いかけがありますが、私たちのほとんどが、幸せよりも、自分の正しさの方を選ぶだろうと思います。そしてこのコースは、本当にそれとは逆行するのです。『講座《コース》』は、嫌になるほど克明に、自我がいかに間違っているかを描写しています。私たちはその自我と強い一体感をもっていますから、この思考体系と格闘することになります。ですから、先ほど、『講座《コース》』を学んでいる人が抵抗や困難を経験することがないとしたら何かがおかしいと述べましたが、私は本気で言っているのです。

『講座《コース》』が筆記されていた当時、それについて知っていた人はごくわずかで、おそらく五人にも満たなかったと思います。ヘレンとビルはどちらも、そのことをまるで深い闇に包まれたうしろめたい秘密のごとく扱っていました。家族や友人や同僚のほとんどにも何も知らされていなかったのです。おそらくこのコースが筆記されるための「計画」の一部だったのだろうと思われますが、筆記が始まる少し前に新しく建設された研究棟のオフィス分配の際に、彼らには他のオフィスから隔離された人目につかないオフィス空間が与えられていました。二人は、その頃、非常に忙しくしていたのですが、自分たちの仕事の邪魔にならない形で、この教材の筆記をすべて成しとげることができました。しかも、彼らが何をしているのかは、誰も知らなかったのです。彼らは、この秘密を非常にうまく隠し続け、文字通り、戸棚の中にしまっていました。私が彼らに合流してからも、それは同じでした。

私がヘレンとビルと一緒に過ごすようになった後、最初の年にやったことは原稿全体の見直しと調整でした。すべての見出しを確認し、ヘレンと私は一字一句を丹念に検討しました。このプロセスは、一年ちょっとかかり、原稿が完成した後は、それをタイプしなおしました。ですから、一九七四年の終わり頃か、一九七五年の初め頃に、『講座《コース》』全体の準備が整ったわけです。しかし、何のための準備なのかは、わからずにいました。原稿は相変わらず戸棚の中にしまわれていたままで、とにかく、準備ができたということだけがわかったのです。

出版

そして、一九七五年の春、次の人物が登場します。それがジュディス・スカッチです。どのようにして彼女が現れたのかについても、おもしろい話があるのですが、それはここでは割愛します。とにかく予期せぬことから予期せぬことへと発展していって、ある時、彼女がダグラス・ディーンと一緒に現れたのです。皆さんの中にもダグラスを知っている人がいますね。著名な超心理学者です。ある日の午後、この二人が、一見したところ何か別な用事で、医療センターにやってきました。私たちはジュディーとダグラスに、このコースのことを知らせるべきだと感じ、そのようにしました。その時点で、まるで『講座《コース》』は私たちの手を離れて、次のステップのためにジュディーの手に任されたかのようでした。これが、そのうちに、『講座《コース》』が出版されることへとつながっていきます。私たちは出版という分野には経験がなかったので、自分たちがその責任者だとは感じていませんでした。しかし、正しい人の手に任せられること、そしてそれが正しい形で行われることを見届けることは、私たちの責任だと思っていました。ただ、私たち自身がそれを実行すべきだとは思わなかったのです。それはジュディーの役割であり、彼女はまさに、それを非常にうまく成し遂げてくれました。

本を見ていただければ、著作権の年が一九七五年となっていることがわかると思いますが、実際に出版されたのは、一九七六年でした。一九七五年の夏には、ジュディーのカリフォルニアの友人の一人が、『講座《コース》』をゼロックスでコピーして、三〇〇部のコピー版を作成しました。今の形と同じ『講座《コース》』が印刷されたのは一九七六年です。そして、それまでは、あいつぐ「奇跡」の連続でした。それがどんなにとんとん拍子で進んでいったかを考えると、まさに「奇跡的」でした。三部作は最初に一九七五年

六月に出版されました。〔訳注4〕

現在、「内なる平安のための財団」が『奇跡講座』を出版し、頒布しています。『講座《コース》』は、社会活動や宗教ではなく、新しい教派でもありません。むしろ一つの思考体系と呼ぶべきでしょう。それぞれの個人が、神に到達するための自分の道を見つけ、その原理を実践していくためのものです。皆さんもご存知のように、『講座《コース》』の勉強会が全国の至る所で自然発生的にでき上がっていますが、私たちはいつも、権威的な組織として機能する団体を持たないことが非常に重要だと感じてきました。

私たちのうちの誰も、尊師《グル》の役割をあてがわれることを望んだことはありません。ヘレンは常に、その点を明確にしていました。人々がやってきて、ほとんど文字通り彼女の足元にひれ伏しそうになりましたが、彼女はほとんど彼らの頭を踏んづけそうになったくらいです。彼女は本当に、『講座《コース》』の中心人物に祭り上げられることを嫌っていました。ヘレンは、『講座《コース》』の中心人物はイエスか聖霊であると感じており、そのように理解されるべきだと思っていました。それは彼女にとって非常に重要なことでした。それ以外のやり方では、教会のような機構を作り上げてしまうことになり、それは『講座《コース》』の作者が最も避けたいことだったはずだからです。

質問：『講座《コース》』の誕生に関与した人々は、これらの年月の間、どのようにして生計を立てていたのですか？

回答：ヘレンとビルは二人ともフルタイムの仕事をもっていましたし、私は医療センターでパートタイムの仕事をしながら、もう一つ、パートタイムで精神療法のカウンセリングの仕事をしていました。私は自分の職務を手早くこなすことができましたから、残りの時間にヘレンと一緒に『講座《コース》』の編集をするとか、必要なことを行なうことができました。すべてが私たちのいわゆる「余暇」の時間に行なわれましたが、その時点では、私たちのフルタイムの仕事の方が余暇と呼べるものとなっていたと思います。しかし、『講座《コース》』が筆記されていた時期においては、ヘレンとビルはさまざまな職務で非常に多忙な毎日を送っていました。

質問：『講座《コース》』のタイミングについては、何か言われているのですか？　なぜ、この時期にもたらされたのか、というようなことの説明はあったのでしょうか？

回答：　ありました。口述筆記の最初の頃に、ヘレンは何が起きているのかについて、説明を与えられました。「天上界の計画の迅速化」のようなものがあると、ヘレンは告げられました。〔原注2〕世界はかなりひどい状態にあると、イエスはヘレンに言いました。これはちょっと回りを見渡せば誰にでもわかることです。この説明がされたのは一九六〇年代半ばですが、今では世界はもっとひどくなっているように見えます。人々は非常に多くの問題に直面しており、この世界のものごとを正すための一助として、ある人々は自らの特定の能力を用いて貢献するように求められたとのことでした。ヘレンとビルは、この「計画」のために特定の才能を捧げた多くの人々のうちの二人にすぎません。過去十五年くらいの間に、霊的なインスピレーションで書かれたといわれる文献が広まっています。こうしたことはすべて、この世界というものの本質についての人々の考えを変えることを目的としています。『講座《コース》』は数多くある道の一つにすぎません。この点は重要です。この点を強調したい理由は、このことが『講座《コース》』が取り上げている最も難しい問題、すなわち〈特別な関係〉と、関連するからです。『講座《コース》』との間に〈特別な関係〉を作って、それを悪い意味で非常に特別なものにしてしまうということを、私たちはやってしまいがちです。〈特別な関係〉についてはもう少し後でお話しますので、そのあたりで、この点がもっと明らかになるはずです。

第一章原注

〈原注1〉ウィリアム・セットフォードは一九八八年七月に亡くなりました。

〈原注2〉「天上界の計画の迅速化」についてのより正確な説明は、拙著『天国から離れて』のp231~232、p346（下段）およびp554~555を参照されたい。

第一章訳注

〈訳注1〉「無韻詩」および「弱強五歩格」とは、弱強のリズムが五回繰り返されて一行を成す英詩の形式。リズムのみで詩が構成され、脚韻を踏まないため、「無韻詩」と呼ばれる。十六世紀後半、エリザベス朝時代のイギリスで始まり、シェークスピアが好んで用いた文体としてよく知られるが、その後も、ミルトンの『失楽園』（一六六七年）を初めとする多くの詩作品が、この形で書かれている。『奇跡講座』では、全部ではないが、かなりの部分にこの詩形が用いられている。
例えば、次の通り。

He **has** one **an**-swer **to** ap-**pear**-an-**ces**;
re-**gard**-less **of** their **form**, their **size**, their **depth**
or **a**-ny **at**-tri-**bute** they **seem** to **have**:
Sal-**va**-tion **is** my **on**-ly **func**-tion **here**.
God **still** is **Love**, and **this** is **not** His **Will**.

（『ワークブック』レッスン九九より。太字部分が強音節）

この詩形を意識して原文を読むと、歩格を合わせるための配慮が、単語や文型の選択に影響している箇所があることがわかる。例えば、「赦し」という概念が必要なのに二音節しか使えない箇所では、三音節の forgiveness の代わりに二音節の単語 pardon が使われている、など。

〔訳注2〕（C-5.6:6-7）「彼を自分の生活のなかに受けいれずに、彼の言葉を読むだけでも益するところはある。しかし、もしあなたが自分の苦しみや喜びを彼と分かち合い、その両方を後にして**神**の平安を見つけようとするなら、彼はあなたをもう少し助けられるだろう。」

〔訳注3〕（M-1.4:1-2）「本書は一つの特別なカリキュラムのための手引書であり、普遍なるコースの特

別な一形態を教える教師を対象としている。他にも何千もの形態があり、そのどれもが同じ結果をもたらす。」

〔訳注4〕 初版以来、A Course in Miracles（奇跡講座）は世界中に頒布され、「内なる平安のための財団」の報告によれば、二〇〇九年の時点で、その数はすでに二〇〇万部を超えたとのことである。

第二章　一なる心の状態――天国の世界

『奇跡講座』の内容は、三つのセクションに分けてご紹介するのがわかりやすいと思います。というのも、このコースは実際に、次の三つの思考体系を扱っているからです。

第一は、〈一なる心の状態〉で、天国の世界を表わします。

第二は、〈間違った心の状態〉で、自我の思考体系を表わします。

第三は、〈正しい心の状態〉で、聖霊の思考体系を表わします。

『講座《コース》』における二つのレベル

また、初めに理解しておくとわかりやすくなると思いますが、『講座《コース》』は二つのレベル（次ページの図を参照）で書かれています。第一レベルは、〈一なる心〉と〈分裂した心〉の間の違いを示し、第二レベルは、〈間違った心の状態〉と〈正しい心の状態〉を対比させています。

第一レベルでは、例えば世界と肉体〔訳注5〕は、自我がつくり出した幻想であると見なされます。ですから、このレベルでは世界も肉体も、どちらも神からの分離の象徴です。

第二レベルは世界に関するレベルで、私たちは自分がここに存在していると思っています。このレベルでは、世界と肉体はニュートラルなものと見なされていて、自我または聖霊の目的のどちらにでも使うことができます。〈間違った心〉にある自我にとっては、世界も肉体も、分離を強化する目的のために使われる道具となります。〈正しい心〉にとっては、私たちが赦しのレッスンを学ぶ目的のために使われる、聖霊による教育の手段となります。

ですから、この第二のレベルでは、幻想／幻影というのは、自我による誤まった知覚を指しています。例えば、愛を求める呼びかけを攻撃と見なしたり、誤りを罪と見なしたりする、といったことです。

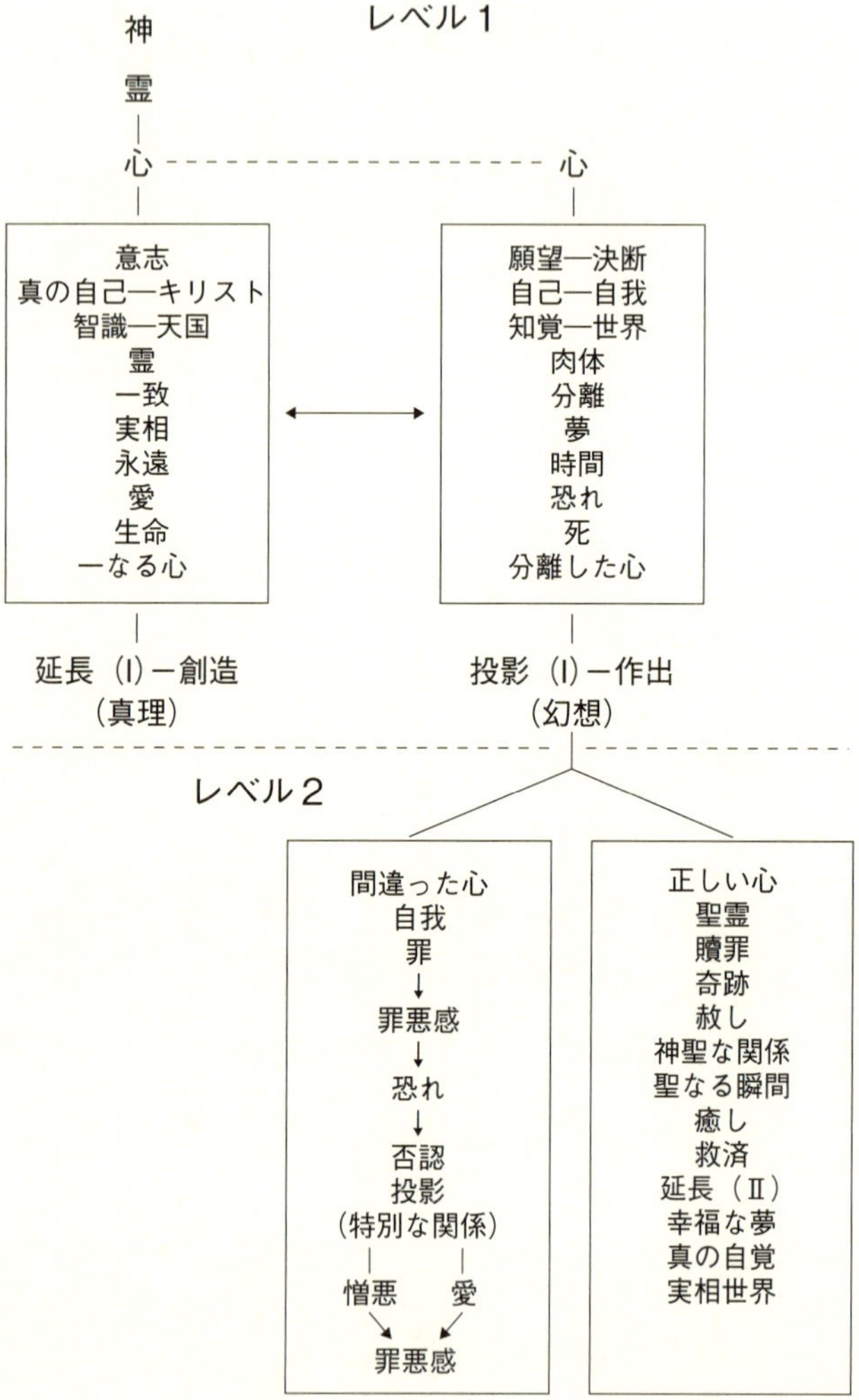
レベル1
神
霊
心
心
意志
真の自己―キリスト
智識―天国
霊
一致
実相
永遠
愛
生命
一なる心
願望―決断
自己―自我
知覚―世界
肉体
分離
夢
時間
恐れ
死
分離した心
延長（I）ー創造
（真理）
投影（I）ー作出
（幻想）
レベル2
間違った心
自我
罪
罪悪感
恐れ
否認
投影
（特別な関係）
憎悪
愛
罪悪感
正しい心
聖霊
贖罪
奇跡
赦し
神聖な関係
聖なる瞬間
癒し
救済
延長（Ⅱ）
幸福な夢
真の自覚
実相世界

以上のことを念頭において、これから、『講座《コース》』の三つの思考体系についての話を始めることにしましょう。

第一レベル――実相

まずは第一のレベルから始めますが、実は、実相〔訳注6〕においては、これが存在する唯一のレベルです。「テキスト」の冒頭で、キリストまたは神の〈一なる心の状態〉と描写されているものです。これは、私たちの住んでいるこの世界とは全く何の共通性もない思考体系です。これについてはここで少しだけ触れるにとどめ、その後は先に進みます。というのも、事実上、このレベルはこのコースが主眼としているところではないからです。その土台であり基盤ではありますが、それは、実際、学びが必要なレベルではありません。

〈一なる心の状態〉とは、天国の世界のことです。これを、『講座《コース》』では、「智識」〔訳

『講座《コース》』を読み始めたばかりの人々にとって難しいことの一つは、いくつもの単語が、普通と違った意味で用いられているという点です。皆さんが理解している普通の単語の意味を『講座《コース》』に当てはめるなら、大変な誤解が生じてきます。「罪」、「世界」、「実相」、「神」、「イエス」、「智識」などといった単語が、私たちが普段用いているのとは少し違った意味で用いられています。『講座《コース》』が教えていることを皆さんが受け入れるかどうかは別として、それが何を教えているのかを正しく見きわめたいのなら、これらの単語が何を意味していて、このコースの文脈の中ではどのように用いられているのかを理解しなければなりません。

そのような単語の一つが「智識〔knowledge〕」です。『講座《コース》』は、「智識」という言葉を、一般的な意味では使用していません。この「智識」という言葉は神のみを指して用いられており、智識の世界は、私たちが住んでいるこの世界とは全く何の関係もありません。智識は信念ではありませんし、思考体系でもありません。それは経験であり、この世界のどんなものをも超越する経験です。ですから、「天国の世界」、「智識の世界」、「霊から成る神の世界」は、どれも同じものです。霊は、私たちの真の実相〔訳注8〕であり、真の故郷であり、この世の現実として私たちが経験することとは全く何の関係もありません。

天国、つまり智識の世界における中心概念は、三位一体の三位格（父なる神・子なる神・聖霊）です。『講座《コース》』がこの三位格をどう定義しているか、このあと簡単にお話しますが、その前に一つ、お断りしておきたいことがあります。そして、多くの人々がこのコースに関して異議を唱えるのがこの点です。彼らは尋ねます。「もし『講座《コース》』のテーマと全般的な思想が普遍的なもの（つまり、「私たちはみなひとつである」というような思想）であるのなら、それが、なぜ、よりによってキリスト教的な枠組みの中で提示されているのですか」と。

この疑問に対する答えは、『講座《コース》』の根本原理の一つ、「誤りは、それが起こった場所で取り消されなければならない」ということに照らして考えるとよくわかります。

『講座《コース》』とキリスト教

西洋社会においてはキリスト教が最も支配的な影響力を持っているということに、

疑いの余地はありません。これまでのところ、これ以上に強力な思考体系は他に見あたりません。自分をキリスト教徒と考えるかどうかには関係なく、この世界で、特に西洋社会においては、キリスト教に深く影響されていない人は一人もいません。私たちがキリスト教と一体感をもっていようといまいと、私たちはキリスト教社会に住んでいます。私たちの暦さえもがイエスの誕生と死に基づいています。けれども、キリスト教はこれまであまりキリスト的ではありませんでした。このことも、教会の歴史を見れば、言うまでもなく明らかです。

キリスト教はこの世界に対してこのように強力な影響——それもあまりキリスト的とは言えない影響——を及ぼしてきましたし、現在も及ぼしているのですから、この世界の思考体系を抜本的に変えるためには、その前に、まず最初にキリスト教における誤りが取り消されることが必要でした。だからこそ、『奇跡講座』は、このように明確にキリスト教の形態をとってやってきたのだと、私は信じています。

ですから、キリスト教に親しんできた人がこのコースを通読するなら、そこで語られているキリストの教えは、自分がそれまで教えられてきたキリスト教とは全く共通性がないということを、比較的早いうちに認識することになります。ヘレンの夫ルイは、ユダヤ教に深いつながりを感じていた人でしたが、ある時、私にこう言ったことがありました。もしもキリスト教が『奇跡講座』のようなものだったなら、反ユダヤ主義は存在しなかっただろう、と。これについては、まったくその通りだと思います。ですから、『講座《コース》』は、キリスト教が導入した誤りを訂正するために、このような形でやってきたと言えます。『講座《コース》』全体を通して、とりわけ、「テキスト」の最初の数章では、たびたび聖書が引き合いに出され（八〇〇箇所以上）、その多くにおいて聖書の文言が再解釈されています。第三章と第六章の冒頭には、十字架刑に関する非常に印象深いセクションがあり、その中でイエスは誤解を解こうとしています。彼が十字架にかけられたことを人々がどのように理解したかという観点から、何が間違ってしまったのかを説明しています（T-3.I; T-6.I）。イエスはなぜそれが起こったのか、そしてその間違いから、どのようにして一つの思考体系が生じてきたのかを説明しています。イエスが論じていることは、伝統的なキリスト教に即したものではありません。しかし、イエス自身が元々それらの原則にどういう意味を込めていたかという観点からすれば、それらの原則はキリスト的です。

こうした理由から、『奇跡講座』はキリスト教的な形をとっています。また、「テキスト」を通して、イエスが何度も、私たちが彼を赦す必要があると述べているのも同じ理由によるものです。これは、私たちがキリスト教徒でも、ユダヤ教徒でも、無神論者でも、同じことです。この世界で、何らかのレベルで、意識的であろうとなかろうと、イエスを自分の敵としたことのない人は一人もいません。その理由は、人々がイエスの『講座《コース》』を敵のように感じてしまう理由とも同じものです。つまり、イエスは、自我の思考体系の根底そのものを脅かすのです。だから、これまでのキリスト教を超えて行けるようになる前に、私たちはまずそうしたキリスト教を赦さなければなりません。繰り返しますが、これは『講座《コース》』が教えている原理と完全に一致することです。『講座《コース》』がキリスト教用語を使っているという事実は、実際のところ、このコースを読む誰にとっても、躓《つまず》きの石であり続けてきました。ユダヤ人として育った人々にとっては、明らかな躓《つまず》きの石ですが、それは、ユダヤ人は幼い頃から「イエス」というのは悪い言葉だと教えられているからです。ほとんどのキリスト教徒にとっても躓《つまず》きの石である理由は、彼らが知っているキリスト教とは異なる形のキリストの教えを、『講座《コース》』が表現しているからです。どの宗教にも属していない人々の場合は、当然、キリスト教の形に抵抗感を抱くことは明らかです。そういうわけで、その形ゆえに、このコースについて何らかの困難を経験しない人は一人もいません。ですから、キリスト教的であるのは意図的なことなのです。イエスが、このコースの作者は自分であることを隠していないという事実も、偶然ではありません。そうしたことが目的としているのは、本当にこの世界が彼を赦せるように助けることであり、また、誤まった解釈をしてきたこの世界が、自らを赦せるように助けることです。

質問：『講座《コース》』が詩的に書かれているという側面については、どうなのでしょうか？

回答：ヘレンはシェークスピアを愛読していたので、『講座《コース》』の中のかなりの部分にシェークスピア風の文体である弱強五歩格〔訳注9〕が使われています。さらには、シェークスピアの戯曲に関する言及もいくつかありますし、引用されている聖書の箇所は「ジェームス王欽定訳聖書」〔一六一一年刊〕からのものです。しかし、聖書の教えとの間に際立った類似点はあるものの、すでに述べた通り、『講座《コース》』は実際には、聖書に基づくキリスト教と言えるものとは異なっています。

あともう一つ、多くの人々が意義を唱えるのが、このコースが用いている三位一体の三位格を表わす単語が男性形の名詞である、という点です。『講座《コース》』はキリスト教の間違いを訂正するという目的のゆえに、こうした用語を意図的に用いているわけですが、多くの人々がこのことで『講座《コース》』に反感を抱くようです。男性形の名詞が使われている理由は二つあります。一つには、ユダヤ教とキリスト教の言葉が男性形なので、『講座《コース》』は単にそれを取り入れただけだ、というものです。二つ目は、かなりの部分が詩の形で書かれているため、常に「彼または彼女」という言い方をしなければならないとしたら厄介なことになる、という理由です。これは英語文法の限界から来ています。例えば、性別のわからない誰かについて言及し、次の文で代名詞を使ってその人について再び述べる場合、正しい英文法に従えば、男性形の代名詞「彼」を使用しなければなりません。要するに、英語という言語の文体がこうなっているので『講座《コース》』も単にそれに従っているだけなのです。『講座《コース》』の作者は性差別主義者ではないことは、私が請合います。イエスは男性尊重主義者ではありません。

神・聖霊・キリスト

さて、三位一体の話に移りますが、この三位格の第一位格は、もちろん、神です。神とは実存するものすべての源です。神は『講座《コース》』の中で、よく父と呼ばれています。これもまた、明らかに、ユダヤ・キリスト教の伝統にのっとったものです。神はまた創造主とも呼ばれ、すべてが神から生じます。神の本性は純粋な霊です。そして、神は不変、無形、永遠であり、霊なのですから、こうした属性を共有しないものはすべて実在のものではあり得ない、ということになります。このような理由から、『講座《コース》』は、世界は実在しないし、神によって創造されたものではない、と言っているのです。つまり、この世界は変化しますし、永遠ではありませんし、物質の形をもっていますから、そういう意味では、この世界は神からのものではあり得ない、ということになります。

三位一体の第二位格は、キリストです。キリストは神によって創造された存在ですが、神がキリストを創造した際に何を行なったのかというと、ただ自然に、自らを延長させたのです。霊の自然な状態とは、自らを延長させ、流れていくことです。そのようにして創造された神の延長が被造物〔訳注10〕であり、被造物は神の子あるいはキリストと呼ばれています。このことを理解するのは難しいことですが、何が難しいのかと言うと、それを理解しようとする際に私たちが使える言葉や概念自体が、時間と空間によって限定された知覚の世界の言葉や概念だけだからです。私たちの住んでいるこの世界は、私たちが天国の代替として作り出した物理的宇宙です。けれども、この点についてこれ以上詳しく述べることは、この一日のワークショップの枠を超えてしまいますので、これくらいにしておきます。

とにかく、天国には、時間も空間もありません。神が自らを延長させているということについて私たちが考えようとしても、思い浮かぶのは時間的、空間的なイメージばかりであって、それは正確なイメージではありません。『講座《コース》』は、そういうときには、理解できるはずもないことを理解しようとするのはやめなさいと言っています。「ワークブック」では、「無意味な考えごと」(W-pI.139.8:5)という表現を使っていますが、実際、こうしたことは「無意味な考えごと」なのです。『講座《コース》』は、私たちは啓示的体験を通してのみ、真理を理解することができるのであり、そのような体験を私たちが言葉で表わすことなどできるはずもないと言っています。言葉は象徴の象徴にすぎないのだから、実相からは二重に隔てられている、ということです（M-21.1:9-10）。

さて、そのように創造された神の子、つまりキリストですが、彼も、自らを延長させています。神の延長が神の子であり、神の子はキリストと呼ばれていて、キリストは一人です。唯一の神がいて、その子も一人です。そして神の子も、神が霊を延長させる際に行なっているのと同じことを、自らの霊を延長させるときに行なっています。これが、このコースの中で最も不可解な、複数形の「被造物」という言葉[creations]で表されています。『講座《コース》』が「被造物（複数形）」と言うとき、それが指しているのは、キリストの霊が延長されたものという意味です。神がキリストを創造したように、キリストもまた創造します。そして天国においてキリストが延長されたものが、被造物（複数形）と呼ばれています。これは、『講座《コース》』が説明を試みることのない領域です。この言葉が出てきたときには、それは単に、霊が延長されるという自然なプロセスを指していると認識するだけで充分です。

「創造する」ということに関して、『講座《コース》』が非常に明確にしている、極めて重要な点があります。それは、キリストとしての私たちは、神のように創造するけれども、神を創造することはしなかった〔訳注11〕、という点です。私たちは神ではありません。神の延長です。つまり、私たちは神の子供ですが、源ではありません。源はひとつだけであり、それが神です。その反対に、「私たちが神であり、実存の源である」と信じることは、まさに自我が望む通りのことです。それは、私たちが独立した存在であり、神が私たちを創造したのと全く同じように、私たちも神を創造することができると信じることです。もしそういったことを信じるなら、あなたは出口のない環の中に閉じ込められることになります。なぜなら、その場合、あなたは自分が自分の実相の作者であると言っていることになるからです。それが、『講座《コース》』が述べている「権威の問題」というものです。私たちは自分の実相の作者ではありません。それは神です。私たちがいったん自分は神であると信じたなら、私たちは自分を神と競争する立場に置いてしまうことになります。そうすると、私たちは本当に大変なことになります。それが、もちろん、原初の誤りというものです。それについては、もう少しあとでお話しします。

とにかく、始まりにおいては―ただし時間を超越したレベルの始まり、ということですが―神と神の子だけが存在していました。それは天国の幸せな大家族のようなものです。ところが、ある奇妙な瞬間に―とはいっても実相においては、一度も起こらなかった瞬間ですが―神の子は自分を父から分離させることができると信じました。それが、分離が起こった瞬間です。実相においては、『講座《コース》』が言っている通り、分離は一度も起こっていません。というのも、神の一部が神から分離することなどできるはずはないからです。けれども、私たち全員が今ここにいるということ、あるいはここにいると思っているということは、それができると示しているように見えます。『講座《コース》』は、分離についてはほとんど説明していません。ただ、そうしたものだと述べるだけです。もともとそれは起こっていないのだから、不可能なことがどのようにして起こったのかを尋ねることはやめなさい、と言います。それがどのようにして起こり得たのかと尋ねるなら、あなたはその誤りの真っ只中に戻ってしまうことになります。

私たち自身の思考においては、分離は確かに起こったように見えますし、何らかの分離は確かに起こりました。私たちが自分自身を神から分離させたと信じた瞬間に、私たちはまったく新しい一つの思考体系（これについては後に説明します）を作り上げましたが、神はこの間違いを取り消すために、神による訂正を送りました。これが、三位一体の第三位格である聖霊です。これは「テキスト」の第五章で非常にうまく説明されていますので、この点についてもう少し詳しく学びたい方はそちらを参照してください。イエスが具体的に聖霊、および、「分離に対する答え」という聖霊の役割について最初に言及しているのが、この章です。『講座《コース》』の中で、頭文字が大文字〔訳文では太字〕の「答え」という言葉が出てきたら、それは「聖霊」と言い換えて差し支えありません。

『講座《コース》』は、聖霊を、神と、分離した神の子との間の親交《コミュニケーション》〔訳注12〕の絆であると描写しています（T-6.I.19:1）。なぜ聖霊が答えなのか、そしてなぜ聖霊が分離を取り消すのかといえば、私たちが実際に自分たちは神から分離していると信じているからです。つまり私たちは、神はどこかにいて、自分はここにいると信じているので、聖霊が、私たちが自分がいると思っている場所と、私たちが真に存在しているところである神のみもとをつなぐ絆として働くからです。両者をつなぐ絆が存在しているという事実は、私たちが分離していないということを私たちに教えています。ですから、私たちが分離が起こったと信じた瞬間、まさにその瞬間に、神はそれを取り消したわけです。そういうわけですから、分離の取り消しとはすなわち聖霊のことなのです。

以上が、〈一なる心の状態〉として知られる思考体系であり、これからお話しするすべてのことの基盤をなすものです。この状態は私たちが理解できるようなものではありません。ただそういうものだと受け入れればいいだけです。私たちみんなが天国に戻ったときには、それを理解するでしょう。そして、その時にはもはや、私たちに疑問は残っていません。

第二章訳注

〔訳注5〕 body の訳語として「肉体」を使っているが、厳密には、物質としての身体のみではなく、心理的なセルフイメージをも含めた個人としての人格という意味も含まれる。「自我」が具現化されたものが「肉体」。

〔訳注6〕 原語は reality。ここでは、第一レベルの現実、すなわち、真に実在する現実という意味。この reality の訳語に「現実」という言葉を使うと、第二レベルの物質的世界に住む私たちにとっての「現実」との区別がつかなくなるので、この「実相」という訳語を用いている。

〔訳注7〕 原語は knowledge。この後の段落で説明されているように、一般に使用されている「知識」とは全く異なる概念であるため、敢えて、普通とは異なる表記の「智識」を訳語に当てている。

〔訳注8〕 訳注6を参照。

〔訳注9〕 44〜45ページの〔訳注1〕を参照。

〔訳注10〕 原語はcreation。「創造されたもの」という意味であるが、公認邦訳版では、『奇跡講座』で使われているキリスト教用語は、すべて、一般的なキリスト教用語を用いて訳すように指示されているため、「被造物」と訳している。

ただし、このコースが使用している他のキリスト教用語と同様に、このcreationにも独特の意味が付与されている。つまり、「創造する」と「延長する」は同義であり、天地創造や芸術的創造などと言うときの「創造」とは異なる概念であり、そのようにして創造された「被造物」も、肉体をもつ人間のことを指すのではなく、第一レベルに存在する霊としての存在を意味している。(ただし、第二レベルにおいては、「延長する」は、「投影する」と対比される別な意味をもつ。)

なお、creationが、「創造すること」(「創造する」という動詞の名詞形)を指して用いられる場合は、「創造」と訳している。

〔訳注11〕 神も神の子も自らを延長させて創造しているという点においては同じだが、最初に神が在り、次にその神から生じたものが神の子であるという点では両者は異なり、その立場が逆になることはあり得ないという意味。それが可能であると考え始めたことが「自我」の始まりであり、

それが物質界にいる私たちの起源である。

ここで、「キリストとしての私たち」というふうに、「キリスト」と「私たち」が同一であるかのように述べられているのは、神から分離しようとする「自我」の起源について話しているために、「キリスト」と「私たち」が関連づけられているからである。しかし、厳密に言えば、神と一体であるキリストは、この物質の世界にいて今この本を読んでいる「自我としての私たち」とは全く無縁の存在である。

〈訳注12〉 原語はcommunication。これも、このコース独特の意味をもつ言葉の一つ。天国のレベルにおける神と神の子の間の状態を表わす言葉で、「愛と霊の流れ」にたとえられるもの。また、この世界においてそれが反映されたもの。このような親交《コミュニケーション》を行なえるのは霊のみであり、自我にはそれはできない。言葉を介した意思伝達のことを指しているのではないので、一般的な意味での「コミュニケーション」とは違うことを示すために、「親交《コミュニケーション》」という訳語を用いている。

第三章　間違った心の状態——自我の思考体系

『奇跡講座』を学ぶには、〈間違った心の状態〉と〈正しい心の状態〉という二つの思考体系を理解することが決定的に重要です。すでに述べたように、〈間違った心の状態〉というのは、自我と同じものです。〈正しい心の状態〉とは、聖霊の思考体系のことで、これは、赦しと同じものと見なすことができます。自我の思考体系はあまり愉快なものではありません。『講座《コース》』がはっきり述べていることですが、自我の思考体系も聖霊の思考体系も、どちらも、それぞれの枠組みの中では、非の打ちどころのない論理的一貫性をもっています。さらに、両者はどちらも同時に真実であることは不可能で、一方が真実であれば、他方は真実ではありえない、という関係にあります。けれども、自我の思考体系が非常に論理的であるからこそ、その論理を厳密に理解しておくことは、大いに役立ちます。いったん、その論理展開の順序をしっかり頭に入れておけば、「テキスト」を普通に読むなら不可解と思えるような多くのことが、非常に明確になってきます。

『講座《コース》』を学ぶときに出くわす難しさの一つは、このコースは他の思考体系とはかなり違っている、という点です。ほとんどの思考体系は直線的に進んで行きます。まず簡単な概念から始まって、それが積み上がって行くことで、だんだんと複雑になっていきます。『講座《コース》』の場合はそうではありません。その思考体系は、環状に提示されています。同じ題材について、その周りを何度もぐるぐる回っているかに見えます。

井戸を思い浮かべてみてください。その内側の壁にそってぐるぐる回りながら、どんどん深く降りていって、最後には底に行き着きます。井戸の底が神ということになります。とにかく、同じ円に沿ってぐるぐる回るわけです。ただし、深く降りていくにつれて、自我の要塞にも近づいていきます。それでも私たちが相手にしているのは、常に同じものです。だから、「テキスト」は同じことを何回も繰り返し述べているのです。というのも、これは一回読んで会得《えとく》できるようなものではないからです。百回でも無理でしょう。だから、その説明に六百二十二ページ〔原注3〕も必要なのです。

このコースの学びというのは一つのプロセスを通過することです。この点が、『奇跡講座』を他の霊性の思想から区別する相違点の一つです。このコースは非常に知的な思考体系として提示されていますが、実際には体験的なプロセスなのです。私たちが他の思考体系を学ぶときのような学び方をせずに、この「井戸」の内壁をぐるぐる回りながら進んでいくように導くという教育的見地から、意図的に、このような形で書かれているのです。『講座《コース》』の教材をこなしていき、個人としての生活の中で出くわすものごとに対処していくプロセスの中で、私たちは『講座《コース》』が教えていることについて、だんだんと深く理解するようになっていきます。

そうは言っても、自我の思考体系を直線的に見てみることも、役に立つことだと私は思っています。それによって、私たちはその思考体系がどのように築き上げられているのかが理解できるようになるからです。そうすると、「テキスト」のページを読み進むのが楽になります。

A. 罪、罪悪感、恐れ

自我の思考体系を理解するための鍵となる概念が三つあります。その思考体系全体を支える礎《いしずえ》となっている、罪、罪悪感、恐れという三つの概念です。

このコースの中で「罪」という言葉が出てくるときはいつでも、それを「分離」と置き換えて差し支えありません。これらの言葉は同じことを言っています。私たちの最も深刻な罪は、私たちが神から分離したと信じていることにまつわる罪です。それが、究極には私たちのすべての罪悪感の根源ということになります。これは、先ほどお話した通りです。これは、これまでキリスト教会が教えてきた「原罪」とほぼ同じものです。創世記の第三章には、どのようにして自我が生じたのかをうまく説明している描写があります。実は、『講座《コース》』の「テキスト」の第二章（T-2.I.3-4）も、このことに触れています。

ですから、自我の起源は、私たちが神から分離したという信念です。それが罪というものです。つまり、「私たちは自分の創造主から自分を切り離して、私たちの真の自己とは別個の自己をつくり出した」という信念です。この真の自己というのは、キリストと同じ意味です。『講座《コース》』において、頭文字が大文字〔訳文では太字〕の「自己」という単語を見たら、それは「キリスト」と言い換えてかまいません。

私たちは個人としての自己（頭文字が小文字の自己）を作り上げたと信じ、それが自分の真のアイデンティティーだと思っています。そして、その自己が真の自己からも神からも独立した存在だと信じています。このこと、つまり、「私たちは神から分離した個人である」という信念が、この世界のあらゆるトラブルの起源です。いったん、私たちが以上のような罪を犯したと信じたなら――というよりも、どんな罪でも、とにかく罪を犯したと信じたなら――自分が行なったと信じていることに対して罪悪感を感じることは、心理学的に言って避けられなくなります。ある意味では、罪悪感とは、「罪を犯したという経験そのもの」であると定義することもできます。ですから、私たちは罪と罪悪感をほぼ同義語として扱うことができます。私たちが自分は罪を犯したと信じたなら、「自分は有罪だ」と信じずにはいられませんし、罪悪感と呼ばれる感情も持たずにはいられません。

「罪悪感」の定義

ところで、罪悪感について『講座《コース》』が語るとき、普通の「罪悪感」という言葉とは異なった意味で使われています。普通、この言葉は、ほとんどいつも、「私は自分がしたことや、しそこなったことについて、悪かったと思う」というニュアンスで使われます。そうした罪悪感は常に、私たちの過去の何か具体的なものに付随しています。けれども、このように意識的に経験される罪悪感は、氷山の一角にすぎません。氷山を思い浮かべていただくと、海面下には、巨大な氷の塊が埋もれているわけですが、この塊が『講座《コース》』の言う罪悪感を表わしています。罪悪感とは、実際、私たちが自分自身について抱いたことのあるすべての否定的な感情と信念と経験の総和です。ですから、あらゆる形の自己嫌悪や自己拒絶が、罪悪感と見なされます。つまり、無能力、失敗、空虚感といった感情、または、私たちの中で何かが不足していたり、欠けていたり、不完全で何かもの足りないといった感情などのすべてです。

この罪悪感の大部分は無意識のものです。ですから、氷山のイメージは非常に役に立ちます。私たちが自分が本当はどんなにひどい人間だと信じているのかを物語るこうした経験のほとんどは、私たちの顕在意識よりもずっと下の方に隠されていて、当然のことながら、私たちにとっては、事実上、接近不可能なものとなっています。そして、このすべての罪悪感の究極の根源は、「私たちは神から自分を切り離すことによって、神に対して罪を犯した」という信念です。その結果として、私たちは自分のことを、他のすべての人々からも自分の真の自己からも分離した者として見ているのです。

次に、いったん罪悪感を感じるようになると、私たちは、自分が行なったと信じているひどいことや、自分は自分が信じているとおりのひどい人間であるといった理由で、自分が罰せられると信じずにはいられなくなります。『講座《コース》』の教えによれば、罪悪感は常に処罰を要求します。いったん罪悪感を感じたなら、私たちは自分には罪があるのだから自分は罰せられて当然と信じることになります。心理学的に言って、このステップを回避する道は全くありません。そうなると、私たちは怖がるようになります。この世界において何が恐れの原因のように見えているかに関わらず、すべての恐れは、自分がしたことや、しそこなったことのせいで、自分は罰せられるべきだという信念からきています。そしてそのあとは、この処罰がどのようなものとなるのかを恐れる、ということになります。

私たちは、自分が神から分離したことによって罪を犯したのだから、自分の罪は究極には神に対するものである、と信じています。ですから、その結果、私たちに罰を下すのは神自身であると考えることになります。聖書を読んでいると、神の怒りと復讐についての恐ろしい描写がたくさんでてきますが、そのすべてはこうしたことに由来しているのです。これは本当の神とはまったく関係のないことです。神はただ愛であるからです。けれども、このことに大いに関係しているのが、私たち自身が神に投影した罪悪感です。アダムとイブをエデンの園から追放したのは神ではありません。アダムとイブ自身が、エデンの園から自分たちを追放したのです。

いったん私たちが神に対して罪を犯したと信じるなら――そしてそれは私たちの誰もが信じていることですが――神が私たちを罰するということも信じないわけにはいかなくなります。『講座《コース》』は、平安を妨げるものとして四つのことを挙げていますが、その中で最後まで残る妨げが、神に対する恐れです（T-19. IV-D)。もちろん、私たちが実際に何をしたのかと言えば、自分で神を恐れるようになったことによって、私たちの方で、愛の神を恐れの神に変えてしまった、ということです。つまり、憎悪、処罰、復讐の神にしてしまったのです。このように神を変えてしまうことこそが、自我が私たちに行なわせたいことです。いったん私たちが罪悪感を感じるようになると、その罪悪感がどこからくると信じているにせよ、私たちは、自分に罪があるということだけでなく、神が自分を殺すだろうということも同時に信じていることになります。ですから、本来は私たちの慈しみ深い父であり唯一の友であるはずの神が、私たちの敵となってしまっています。神を敵に回せば、手ごわい敵となることは、言うまでもないでしょう。再び言えば、これが、聖書の中やその他の思想の中で、私たちが読み慣れている「罰を与える父」といった信念の起源です。神がそのような存在《もの》であると信じることは、私たちがもっているのと同じ自我の性質を神に付与することです。ヴォルテールの言葉を借りれば、「神は人間を神の似姿として創造した。そして人間はそれと同じことをして返礼した」というわけです。私たちがつくり出した神は、実は、私たちの自我の似姿です。

それほどの怖れと恐怖、それほどの自己嫌悪と罪悪感を、自分の顕在意識に保持したまま、この世界に存在できる人は一人もいません。そこまで大きな不安や恐怖と共に生きることは、私たちにとって、絶対に不可能なことです。それは、私たちをすっかり打ちのめしてしまうでしょう。ですから、このことに対処する何らかの方法がなければならない、ということになります。けれども、自我の思考体系では、私たちはすでに神を敵に回しているわけですから、神に助けを求めることはできません。だから、私たちに残された唯一の頼れる相手は、自我そのものとなります。

そうして私たちは自我に助けを求めて、こう言います。「ねえ、君になんとかしてもらわなければならない。私が感じているこの不安と恐怖には、とても耐えきれない。助けてくれ！」と。自我は、いかにも自我らしく、助けのように見えるけれども全く助けにならない助けを差し出します。この「助け」には二つの基本的形態があります。そして、私たちがフロイトの貢献を真に理解し、その真価を認識できるのは、実際、この点においてなのです。

B．否認と投影

フロイトの功績

ここで、少しフロイトの宣伝をしておくべきだろうと思います。彼はこのところ、批判される傾向にありますから。人々は、非伝統的タイプの心理学者としてはユングの方を賞賛しており、それには一理あるのですが、それでもフロイトはあまりにも隅の方に追いやられてしまっています。けれども、『講座《コース》』における自我についての基本的理解は、直接、フロイトの教説に基づいているのです。フロイトは非常に優秀な人でしたし、彼がいなかったら、『奇跡講座』は存在し得ませんでした。ユングはフロイトといろいろ問題を起こしましたが、そのユング自身も、自分はフロイトの業績の上に立っているにすぎないと語っています。そして、それはフロイトの後継者の誰についても言えることです。フロイトは、自我がどのように機能するのかについて、非常に体系的かつ論理的に、そして厳密に説明しました。

　ここではっきりさせておきたいのですが、フロイトは「自我」という言葉を、『講座《コース》』でいう「自我」とは違う意味で使っていました。『講座《コース》』では、「自我」は、東洋で使われているような意味とほぼ同じ意味で使われています。言い換えれば、「自我」とは、頭文字が小文字の自己（self）です。一方、フロイトにとっては、自我とは精神の構成部分の一つに過ぎませんでした。エス（無意識）と超自我（良心）と自《エ》我《ゴ》という三つの部分から構成される精神の一部が自我《エゴ》で、その自我《エゴ》は、心の中でこの三つを統合する部分でした。『講座《コース》』が「自我」という言葉を使うときに意味しているのは、むしろフロイトのいう「精神」全体とほぼ同じものということになります。

ですから、『講座《コース》』を学ぶときには、「自我」の定義にこうしたずれがあるということを念頭においておかなければなりません。

ところで、フロイトは一つのことにおいて間違っていたのですが、その唯一の誤りはかなり大きなものでした！　というのは、彼は「精神全体が、私たちの真の実相である本当の自己に対する防衛である」ということを認識していなかったのです。フロイトは、彼自身の霊性をあまりに恐れていたため、霊からの脅威に対して実質的に難攻不落の思考体系を構築しなければならなかったわけです。そして、フロイトは実際にそれを構築しました。しかし、精神、つまり自我がどのように機能するかという説明においては、フロイトは実に卓越していました。繰り返しますが、彼の見解の誤りは、その精神全体が神に対する防衛だということを認識しそこなったという点です。基本的に言って、私たちが今日、自我に関して語ることは、フロイトが説いたことに基づいています。ですから、本当に、私たちみんなが、フロイトには絶大な感謝を捧げるべきなのです。とくに注目すべきは、防衛機制という領域におけるフロイトの貢献です。そのお陰で、私たちは、自分がもっているすべての罪悪感と恐れに対してどのようにして自分自身を防衛しているのかについて理解することができます。

私たちが自我に助けを求めるとき、私たちはフロイトの本を開き、非常に役立つ二つの概念を見つけます。一つめは、抑圧、または否認です。(『講座《コース》』では、「抑圧」という言葉は一度も使われていません。「否認」のみが使われています。けれども、どちらを使ってもかまいません。) この罪悪感、罪の意識、そして、私たちが感じている恐怖感のすべてについて私たちが行なうことは、それが存在していないふりをすることです。私たちは単にそれを自覚できないところに押し込めてしまいます。この「押し込めること」が、抑圧とか否認として知られているものです。私たちはただ、その存在を自分に対して否認するのです。

例をあげると、私たちが床の掃除をする気になれないとき、ゴミを絨毯の下に掃きいれてしまって、そこにゴミがないふりをする、というようなことです。あるいは、ダチョウは、恐くなると、自分を脅かしているものに対処したり、それを見たりしなくてすむように、頭を砂にうずめてしまいます。こうしたことは、明らかに、うまくいきません。私たちがゴミを絨毯の下に掃きいれてばかりいるなら、そのうちに、絨毯はでこぼこになってきて、私たちはそれにつまずくことになります。ダチョウの場合は、頭を砂にうずめ続けていれば、いつかはひどく傷つくことになるでしょう。

けれども私たちは、あるレベルにおいては、罪悪感は確かにまだあるということを知っています。ですから、私たちは再び、自我に向って、こう言います。「否認はまあまあだったけど、他にも何かしてもらわなければならない。この罪悪感がどんどんつのってきていて、そのうちに私は爆発してしまいそうだ。どうか、助けてくれ」と。それに対して、自我は、「そういうあなたにぴったりのものがありますよ」と言います。そして、私たちに、フロイトの『夢判断』か何かの本の中の○○ページを見るように勧め、そこで私たちは、「投影」として知られている概念を見つけることになります。

おそらく、『講座《コース》』の中で、単一の概念として「投影」ほど重要なものは他にないでしょう。投影を理解しなければ、『講座《コース》』の中の言葉は一つも理解できません。自我がどのように機能するかということの理解においても、自我が行なったことを聖霊がどのように取り消すのかということの理解においても、それが言えます。投影という概念が意味しているのは、簡単に言えば、自分自身の中にある何かについて、「これは本当は自分の中には存在していない。自分の外の誰か別の人の中にある」と見なす、ということです。投影という単語の文字通りの意味が、「外に投げる」とか、「何かから離れる方向へ、または、何かに向って、放り投げる」という意味です。そして、これが、投影するときに、私たちみんながやっていることです。

私たちは罪悪感について、つまり自分の中にあると信じている罪深さについて、こう言います。「これは本当は私の中にあるのではない。あなたの中にある。私は罪ある者ではなく、あなたが罪ある者である。私がこんなにも惨めで不幸せであることの責任は私にあるのではなく、あなたにある」と。自我の立場からすれば、その「あなた」というのは誰であってもかまいません。自分の罪悪感を押し付けることのできる誰かを見つけられる限り、投影の対象を誰にするかについては、自我はとやかく言いません。これが、罪悪感を手放す方法だと自我が私たちに教えているものです。

「贖罪のヤギ」――投影の原型

私の知る限りで、この投影のプロセスのほとんど最高の描写と言えそうなものが、旧約聖書のレビ記の中にあります。イスラエルの民が、ヨム・キプルという大贖罪日に何をすべきかを告げられる場面です。彼らは一所に集まるように言われ、その野営地の真ん中にはアロンがいます。大祭司である彼は、民と神との間の仲介役です。アロンの横には一匹のヤギがいて、そのヤギの上にアロンは手を載せ、民が一年の間に犯した罪のすべてを、象徴的にその哀れなヤギに背負わせます。その後、民はそのヤギを野営地から追い出します。これは、まるで「投影とは何か」を絵に描いたような、完璧な描写となっています。そして言うまでもなく、「スケープゴート（贖罪のヤギ）」という言葉はここからきています。

こうして、私たちは自分の罪について、「それは自分の中にはない、あなたの中にある」と言うわけです。その次に、私たちは自分自身と罪との間に距離を置きます。誰も、自分の罪深さの近くにはいたくないので、それを私たちの中から取り出して、誰か別の人の上に置き、その後、その人を私たちの人生から追い出します。これには二つのやり方があります。一つは、その別な人から、物理的に離れることです。もう一つは、心理的レベルでそれを行なうことです。心理的な分離は、実は最も破壊的であると同時に、最も感知しにくいものです。

私たちが他人に罪をなすりつけたあと、彼らから自分自身を引き離す方法は、彼らを攻撃するか、彼らに対して怒るかのどちらかです。怒りの表現というのは、常に、自分の罪悪感の投影を正当化しようとする試みです。それが軽い苛立ちの場合でも、激怒の場合でも、違いはなく、どちらも同じものです。(W-pI.21.2:3-5) 何が私たちの怒りの原因のように見えているかということは関係ありません。私たちの中の罪悪感を外へ投影せずにはいられないということの必要こそが、すべての怒りの根本原因です。これは、他の人々の発言や行動にあなたが常に賛同しなければいけないということではありませんが、あなたがそれらに対し怒りや裁きや批判などといった個人的な反応をするとしたら、その理由は、その瞬間にあなたはその相手の中に、あなた自身が自分の中で否認した何かを見たからにほかなりません。言い換えると、あなたは自分の罪と罪悪感を相手に投影していて、その人の中で自分の罪を攻撃するのです。しかしそのとき、あなたはもう自分の罪を自分自身の中で攻撃してはいません。相手の中でそれを攻撃していて、その人を自分からできる限り遠ざけておきたいと思っています。でもあなたが本当に望んでいるのは、自分の罪を自分からできる限り遠ざけておきたいということなのです。

旧約聖書、特にモーゼ五書の第三番目のレビ記を読んでいておもしろいのは、イスラエルの民が、自分たちの周囲にある不浄なものの形態を識別し、そうした不浄なものから自分たちを離しておくにはどうすればいいかを、実に克明に述べているという点です。不浄とは何か、それは人々の資質の中にあるものなのか、不浄がとる形態にあるのか、あるいは、特定の人々自身が不浄なのか、などについて、非常に詳しく述べています。それから、イスラエルの民がどのようにしてそうした不浄の形態から自らを分離しておくべきかということを説明しています。他にどんな理由があったかは別として、心理的な必要としては、自分の中の不浄さを外の誰かになすりつけて、その人から自分を遠ざける必要があったというところに、この記述の重要な意味があります。

このことを理解した上で新約聖書に進むと、おもしろいことに、今度はイエスがそれとは反対の行動をとったということがわかります。民の不浄さのすべての形態が定義され、それらを引き離しておくことが、彼らの宗教にとって必須のものと見なされていたのに、イエスはそうしたものを受け入れてしまいました。彼は、ユダヤの律法の定義によれば社会でのけ者にされていた人々のところまでわざわざ出向いて行って、彼らを抱擁しました。これは、まるで、イエスが「あなたは自分の罪悪感を他の人々に投影することはできない。それが自分自身の中にあることを認めて、そこで癒さなければならない」と言ったかのようです。だから、福音書には、杯《さかずき》の外側ではなく、内側を清めなければならないとか、兄弟の目の梁《うつばり》のことは気にせずに、自分自身の目のちりのことを気にかけなさいとか、人を不浄にするのは人の中に入るものではなく、人から出て行くものである、などという話が出てくるのです。この論旨は、『講座《コース》』の場合と全く同じです。つまり、私たちの罪深さの源は、外ではなく内にある、ということです。ところが、投影は、私たちの罪を外に見せて、私たちに問題を外で解決させようとします。ですから、問題は内にあるのだということが、私たちには全くわかりません。

罪悪感を必要としている自我

私たちが自我に向って助けを求め、「私の罪悪感を取り除くのを助けてほしい」と言うとき、自我は答えます。「いいですとも。あなたの罪悪感を取り除く方法は、まず最初にそれを抑圧することです。その後、それを他の誰かに投影することです。そうすれば、あなたは自分の罪悪感を取り除けますよ」と。しかし、ここで自我が私たちに秘密にしているのは、投影された罪悪感というのは攻撃であって、攻撃とは罪悪感を手放さずにおくための最も効果的な方法だという点です。自我は抜け目がありません。私たちを有罪のままにしておきたいのです。この考え方について、もう少しお話しましょう。というのも、これが、自我が私たちにどのように忠告するのかを理解するための鍵となる概念の一つでもあるからです。

『講座《コース》』は、「罪の魅力」(T-19.IV-A.10-17) ということを言います。自我は罪悪感を感じることに、強く惹かれています。そのわけは、自我とは何かを思い出せば、自明のことです。自我が、否認して投影せよとアドバイスするのは、次のような理由があるからです。すなわち、自我とは一つの信念以上のものではなく、私たちが神から分離したときに生じたかに見えた偽りの自己です。ですから、私たちが分離が本当に起こったと信じている限りは、自我は安泰です。けれども、ひとたび私たちが分離は存在していないと信じるなら、自我はひとたまりもありません。『講座《コース》』が言っている通り、自我は、それがつくり出した世界と一緒に、それが生まれたところである無の中に、消滅していきます (M-13.1:2)。自我は、本当に無なのです。

原罪が起こったと信じ、分離という罪が実在していると信じている限り、私たちは自我は実在すると言っていることになります。罪が実在するということを私たちに教えるものは、罪悪感です。やましい気持ちは、常に、「私は罪を犯した」という言明です。そして罪というものが究極に意味しているのは、「私は自分自身を神から分離してしまった」ということです。ですから、私が自分の罪は実在すると信じている限り、私は有罪だということになります。そして私が罪悪感を自分の中に見ようと他人の中に見ようと、私は「罪は実在するし、自我も実在する」と言っていることになります。だから、自我は、私たちを有罪のままにしておくことが死活問題だと思っているのです。

自我は、罪悪感のない状態に直面したときにはいつでも、それを攻撃します。なぜなら、自我の思考体系に対する最大の罪は、罪悪感をもたないことだからです。あなたに罪悪感がなければ、罪もないことになり、さらに、あなたに罪がなければ、自我は存在しないことになります。「テキスト」の中に、こういう文があります。「自我にとっては、罪悪感の無い者が有罪である」(T-13 .II.4:2)。というのも、罪悪感をもたないということは、「汝、有罪であるべし」という自我の戒律を破って罪を犯すことだからです。あなたに罪悪感がないとしたら、あなたは「罪悪感がないという罪」を犯していることになります。イエスは、私たちに罪はないと教えていました。だから、自我は彼を殺さなければならなかったのです。彼は自我に対する冒涜行為をしていたことになるからです。

ですから、自我が常に根本目的としているのは、私たちを有罪にしておくことです。けれども自我は、私たちに面と向ってそれを言うことはできません。というのも、それを言ってしまえば、私たちは自我に耳を傾けなくなるからです。ですから、自我は私たちに、もし自我の言う通りにするなら、私たちは罪悪感から自由になれると言います。そして、そのための方法は、すでに述べた通り、罪悪感が自分の中にあることを否認し、他人の中にそれを見て、その後、その人を攻撃する、ということです。そうすることで、私たちは罪悪感から自由になる、というわけです。しかし、自我が私たちに教えてくれないことは、攻撃とは有罪であり続けるために最も効果的な方法である、ということです。というのも、心理学のまた別の原則が述べている通り、自分の心の中であろうと、実生活の中であろうと、あなたが誰かを攻撃するときはいつでも、あなたは必ず罪悪感を抱くことになるからです。考えにおいてでも行動においてでも、誰かを傷つけておきながら、罪悪感を抱かないということは不可能です。そうした罪悪感を日常生活の中で経験しないということはあるでしょう。たとえば、精神病質者は罪悪感を感じません。だからといって、深いレベルにも罪悪感がないという意味にはなりません。

というわけで、自我は実に巧みに罪悪感と攻撃のサイクルを構築します。それによって、私たちが感じる罪悪感が大きくなればなるほど、それが自分の中にあることを否認して他人を攻撃しなければならないという私たちの必要も増大していきます。けれども、私たちが誰かを攻撃すればするほど、自分がしたことにまつわる罪悪感は大きくなります。なぜなら、私たちは自分がその人を誤まって攻撃したということを、あるレベルでは認識しているからです。そうした認識は、私たちに罪悪感を抱かせるだけであり、これがこのサイクルの全過程を何度でも繰り返させることになります。この世界を動かしているのは、この罪悪感と攻撃のサイクルであって、愛ではありません。もし誰かがこの世界は愛によって動いていると言うなら、その人は自我についてよく知らない人でしょう。愛とは神の世界のものであり、その愛をこの世界で反映することは可能ですが、この世界に、愛の居場所はありません。あるのは罪悪感と攻撃の居場所だけです。そして、この力動《ダイナミックス》が、個人としてであれ、集合的にであれ、私たち自身の人生の中に頑として存在しているのです。

C. 攻撃と防衛のサイクル

次に構築されるのが、攻撃と防衛を繰り返す二次的なサイクルです。私が自分に罪があると信じて、自分の罪悪感をあなたに投影してあなたを攻撃したなら、私は（すでに述べた原則のゆえに）自分の有罪性は罰せられて当然と信じることになります。ここで、私はあなたを攻撃したのだから、反撃されるに値すると信じるようになります。あなたが実際に反撃してくるかどうかは問題外です。私自身に罪悪感があるというだけで、私はあなたが反撃してくると信じます。あなたが私に反撃してくると信じている私は、あなたの攻撃から自分を守る防衛をしなければならないと信じることになります。ここで私は自分が有罪であるという事実を否認しようとしているわけですから、私に対するあなたの攻撃は正当性のないものだと感じることになります。私があなたを攻撃するなら、その瞬間に私が無意識に抱く恐れは、「あなたは私に反撃してくるだろう、だから、私はそれに備えておかなければならない」というものです。ですから、私はあなたからの攻撃に備えて防衛を構築しなければならなくなります。これが何を達成するかと言えば、あなたに恐れを抱かせることだけです。そして、あなたと私の間にはこのことにまつわるパートナーシップが出来上がり、そこでは、私があなたを攻撃すればするほど、益々あなたは私から身を守るために防衛し、私に反撃することが必要になります。そうするとまた、私はさらに、あなたから身を守るために防衛し、あなたに反撃することが必要となります。そうして、私たちはこれを繰り返すのです。（W-pI. 153.2-3）〔訳注13〕

　これと同じ心理が働いているのが、核兵器の軍備拡張競争という狂気であると、説明することができます。また、私たちの誰もが感じている狂気についても同じように説明できます。自分自身を防衛する必要が大きくなればなるほど、私は自分に罪があるという事実そのものを強化することになります。これはまた、自我に関して理解すべき重要な原則の一つでもあり、おそらくそれを最も明確に述べているのが、「テキスト」の中の次の一文です。「防衛は、それが防ごうとしているまさにそのことを行なう」（T-17.IV. 7:1）。すべての防衛の目的は、自分自身の恐れから自分を守ることです。もし私が恐れていなかったなら、防衛など必要ありません。けれども自分が防衛を必要としているという事実そのものが、自分は怖がらなければならないと告げています。なぜなら、もし私が恐れていないのなら、わざわざ防衛などする必要はないからです。私が自分を防衛しているという事実そのものが、私が恐れているという事実と、自分は有罪なのだから怖がるべきだという事実を強化しています。ですから、自分を恐れから守ってくれるはずの防衛そのものが、恐れを増強しているのです。したがって、自分自身を防衛しようとすればするほど、私は自分が自我であるということ、つまり、罪深く、罪悪感と恐れを抱いている存在であるということを、自分に教えていることになります。

自我は本当に抜け目がありません。自我は、私たちに自分を防衛しなければならないと確信させますが、私たちはそれを実行すればするほど、ますます罪悪感にさいなまれるようになるのです。自我は、私たちに自分の罪悪感から身を守るためにはどうすればいいか、数多くの方法を教えますが、自我が差し出す保護そのものが、この罪悪感を増強するものに他なりません。だから、私たちはただぐるぐると回り続けているのです。「ワークブック」には、「防衛しないことの中に、私の安全がある」(W-pI.

153）という素晴らしいレッスンがあります。もし私が、自分は真に安全であり、自分を真に保護するのは神であると本当に知りたいのなら、そのための最良の方法は、自分自身を防衛しないようにすることです。だから、私たちはイエスの最期の日々について語る福音書の中に、彼は自分を一切弁護しなかったと伝える文面を見いだすのです。捕らえられたとき以来、あなどられ、むち打たれ、迫害され、殺されるまでの間ずっと、イエスは自分を弁護しませんでした。そして、そのときイエスが言わんとしていたことは、「私は防衛を必要としていない」ということでした。なぜなら、「ワークブック」の中にあるように、「**神の子**は、彼の実相の真実から身を守る防衛を必要としてはいない」（W-pI. 135. 26:8）からです。私たちが自分が誰であるのか知っていて、また、私たちの父、つまり天国の父なる神とは誰であるのかを真に知っているとき、私たちは自分自身を守る必要はありません。真理に防衛は必要ないからです。けれども、自我の思考体系の中では、私たちは保護されることが必要だと感じ、したがって、常に自分を防衛することになります。ですから、この二つのサイクルは、自我の手口全体を維持するという役目をしっかりと果たしているわけです。罪悪感を感じれば感じるほど、私たちは攻撃を強めます。攻撃すればするほど、ますます罪悪感はつのっていきます。そして攻撃を続けると、予測される処罰や反撃から身を守ろうとして自分を防衛する必要を、ますます感じることになります。そして、そうした防衛そのものも、また攻撃に他なりません。

アダムとイブ―自我の構造の原型

創世記の第二章は、アダムとイブが恥じることなく、裸でお互いの前に立っている場面で終わります。恥とは実際には、罪悪感のもう一つの呼び名にすぎません。「恥を知らない状態」とは、分離以前の状態を表現したものです。言い換えれば、罪がなかったので、罪悪感もなかった状態です。創世記第三章で初めて、原罪の話がでてきます。そしてそれはアダムとイブが禁断の木の実を食べたところから始まります。その行為が、神に対する不従順ということになり、実際のところ、それが罪というものです。言い換えれば、彼らは自分たちを、神から分離した意志、つまり、神が創造したものとは別な何かを選択することができる意志をもつ存在として見ている、という信ことです。そして、これが自我の誕生です。つまり、罪を犯すことは可能だという信念です。そういうわけで、彼らはリンゴを食べるわけですが、食べたあとまず最初に彼らがしたことは、お互いを見て、今度は恥を感じて、体を被い隠しました。彼らはいちじくの木の葉を腰に巻きつけました。そしてこれが、罪悪感の表現となりました。彼らは何か罪深いことをしたと悟り、自分たちの体が裸であることが、彼らの罪の象徴となったわけです。ですから、それに対して防衛をしなければならないということになり、そのことが彼らの罪悪感を表現しています。

そのすぐ後に続く場面で、アダムとイブに神の声が聞こえてきて、神が彼らを探しているのがわかります。そして今や、彼らは、神に見つかったらどんな目に合わされるだろうと恐れを抱きます。ですから、神に見つからないようにと、彼らは灌木の陰に隠れます。ここに見られるのは、罪を信じる信念―つまり、神から自分を分離させることが可能だと信じること―と、それをしてしまったという罪悪感との間にある関連性、および、神が私たちを捕まえて罰するときには、自分たちに何が起こるのだろうかという恐れです。実際、創世記第三章が展開するにつれて、アダムとイブが恐れていた通りだったことがわかります。神は彼らを罰するからです。おもしろいことに、神がついにアダムに問いただしたとき、アダムは罪悪感をイブに投影して、「私がしたのではありません。イブが私にさせたのです」と言います。だから神はイブに問いただしますが、イブも全く同じことをして、次のように言います。「私がしたのではありません。私を責めないでください。それはヘビのせいです」と。というわけで、私たちが自分の恐れと罪悪感から自分自身を守るためにしているのと全く同じことが、ここでも行なわれていることがわかります。つまり、私たちは非難を誰か別の人へと投影してしまう、ということです。

すでに述べたとおり、「罪悪感は常に処罰を要求する」ということを思い出してください。自我の考えによれば、アダムとイブは自らの罪ゆえに罰せられなければならないということになります。ですから、神が彼らを捕まえたときには、「生まれた瞬間から死に至るまでずっと、苦痛と苦難に満ちた人生を生きなければならない」という処罰を、神は彼らに与えます。この全プロセスを、イエスがどのように取り消すのかについては、後ほどお話しします。いずれにしても、創世記のこの章は、罪と罪悪感と恐れの間の関係という、自我の全構造についての完璧な要約となっています。

敵をもつ必要

自我が罪悪感から身を守るための主な防衛方法の一つは、他人を攻撃することです。そして、私たちの怒りが常に行っているのが、まさにそれであると言えます。つまり、自分が罪悪感を他人に投影することを、怒りが正当化しています。ここで認識することが極めて重要なのは、この世界（そして、世界の一部である私たち全員）が抱いている、「自分が怒っているという事実をどうしても正当化しなければならない」という思いがどれほど強いものであるかということ、そして、その理由は、私たちは皆、敵をもつ必要があるからだ、ということです。この世界に生きる人で、何らかのレベルで、善悪という性質を世界に付与していない人はいません。そして私たちは世界を分割して、ある人々を「善」の範疇の中に入れ、別の人々を「悪」の範疇に分類します。その目的は、私たちが自分の罪を投影できる相手をもたなければならないという、途方もなく大きな必要を満たすことです。私たちは少なくとも一人、または一つの概念、または一つのグループを「悪」としてしまうこと、つまり、スケープゴートにしてしまうことを必要としています。これが、すべての偏見と差別の根源です。それは通常は無意識のものですが、私たちがもっている巨大な必要です。自分自身の罪悪感の重荷から逃れられるように、スケープゴートにできる誰かを見つけなければならないという必要です。これが、有史時代の初めからずっと続いてきたことです。主要な思考体系のどれについても同じことが言えますし、この世界に存在したことのある生存形態のどれについても言えます。それは常に、善人と悪人がいるという前提の上に立っています。

またこれは、明らかに、キリスト教の歴史の中にも見られます。その始まりから、善を悪から分離するプロセスがありました。まず、イエスを信じたユダヤ人と、イエスを信じなかったユダヤ人に分かれ、その後は、イエスを信じた者たちは、さらに、聖ペトロ、聖パウロ、聖ヤコブなどに従った者たちのグループへとそれぞれ分かれていきました。そして、教会もそれ以来、宗派に分かれ続けてきました。こうしたことが起こるのも、同じように、自分とは違った人、自分ほど善人でない誰かとして見ることのできる相手を見つけなければならないという、私たちの無意識の必要に起因するものです。繰り返しますが、このプロセスに対する私たちの執着がどれほど強いものかを認識することは、大きな助けになります。こうした必要があるからこそ、映画の最後の場面で善人が勝ち、悪人が負けるのを見て、誰もが喜ぶのです。私たちは、悪人が処罰されるのを見ることについても、同じ執着を共有しています。なぜなら、その処罰の時点で、私たちは自分の罪から逃れられたと信じるからです。

D．特別な関係

さて、これまで「怒り」として説明してきたものは、実際には、投影が呈する形態のうちの一つにすぎません。『講座《コース》』は攻撃の二つの形態に相当する二つの〈特別な関係〉というものについて述べていますが、怒りというのは、その二つのうちの最もあからさまな形です。このコースにおいて理解するのが最も難しいのが特別性という概念であり、実際に実生活で実践するのがさらに難しいのが、自分の〈特別な関係〉を〈神聖な関係〉へと変容させることです。

〈特別な憎悪の関係〉と〈特別な愛の関係〉

〈特別な関係〉には二つの形態があります。第一は、〈特別な憎悪の関係〉で、これがこれまで述べてきたものです。この関係においては、私たちは自分の憎悪の対象にすることができる他者を見つけ出します。これは、真の憎悪の対象から目を逸らすためです。そして、真の憎悪の対象というのは自分自身です。第二の形態は、『講座《コース》』が〈特別な愛の関係〉と呼んでいるものです。この〈特別な愛の関係〉が、最も強力で油断のならないものなのですが、その理由は、それが最も微妙で認識されにくいからです。再び言いますが、このコースの中で、理解し、自分自身に当てはめるのがこれほど難しい概念は他にありません。〈特別な愛の関係〉は「ワークブック」と「マニュアル」では全く言及されていませんし、「テキスト」においても、十五章になるまでは出てきません。けれども、その後の二十三章までの九つの章で語られる内容はほとんどすべて〈特別な関係〉についてです。

〈特別な愛〉を認識し、それに対処することがそんなにも難しい理由は、それが、その真の正体とは異なるもののように見えるからです。自分が誰かに対して怒っているときであれば、その事実を自分自身から隠すのは非常に難しいものです。しばらくの間は隠すことはできても、そうした幻想を長続きさせることは実にむずかしく、いずれは自覚してしまいます。ところが、〈特別な愛〉の場合はそうはいきません。それは常に、その正体とは違ったものに見えます。それは実際、この世界で最も魅力的であると同時に欺瞞的な現象と言えます。それはおおかた、〈特別な憎悪〉と同じ原則に沿ってはいますが、その形が異なっています。〈特別な愛〉の基本原則も、自分の罪悪感を他人の中に見ることによってそれを手放そうとするという点で、〈特別な憎悪〉と同じです。したがって、〈特別な愛〉は本当は、単に、憎悪の上に被せられた薄い偽装のベールにすぎません。繰り返しますが、憎悪とは、自分自身に対する真の憎悪を経験せずにすむように、他の誰かを憎もうとする試みにすぎません。このあと、以上の原則が基本的にどのように作動するか、つまり、どのようにして自我は、「愛」によって私たちを罪悪感から救うと見せかけながら、実際には憎悪によって私たちの罪悪感を強化させているのかを、三つのパターンに分けて説明してみたいと思います。

〈特別な愛〉

しかし、その前にまず、〈特別な愛〉とは何かを説明し、その次に、それがどのように作動するのかについて述べることにします。先ほど、罪悪感について話し始めた時点で、罪悪感という言葉にはどういう意味が含まれているかを説明しましたが、そのときに、私が使った言葉の中に、「何かが不足していたり、欠けていたり、不完全で何かもの足りないといった感情」というものがありました。これが、『講座《コース》』が「欠乏の原理」と呼んでいるものです。そして、それが〈特別な関係〉の力動《ダイナミックス》全体の基盤をなしているものなのです。

「欠乏の原理」が意味しているのは、私たちの中で何かが欠けているということです。成就されておらず、完成されていない何かがある、ということです。この欠乏のゆえに、私たちには特定の必要があります。そしてこれが、罪悪感という経験全体における重要な一部なのです。だから、再び、私たちは、自我に向かって、「助けてくれ！私の中にあるこの虚無感や空虚感、何かが欠けているような感覚には、もう耐えられない。何とかしてほしい」と言うことになります。それに対して自我は、「それでは、こうしましょう」と言いますが、まず最初に、次のような言葉で私たちに平手打ちを食わせます。「その通り、あなたの言うことは全く正しい。あなたはただの惨めな生き物にすぎない。あなたにとって死活的に重要な何かが欠落しているという事実を変えるためにできることは、全く何もない」と。当然のことながら、自我は、私たちに欠けているのは神であるということは教えてくれません。というのも、それを教えてしまえば、私たちは神を選びますし、それでは自我は存続できなくなるからです。だから、自我は、私たちの中には生来の欠乏があり、それをなくすためにできることは何もないと告げるのです。しかしそのすぐ後で、この欠乏からくる苦痛についてならば、私たちにできることがある、と言ってきます。つまり、私たちの中のこの生来の欠乏状態そのものを変えることはできないが、私たちは自分の外に目を向けて、自分の中で欠けているものを補うことのできる誰か、または何かを、探すことはできる、と自我は言います。

基本的に言って、〈特別な愛〉は次のような論理で展開します。「私は無意識のうちに神を敵としてしまったので、私には神が満たすことはできない特定の特別な必要がある。だから、自我の思考体系の中では、私は真の神に助けてもらいに行くことはしない。しかし、特別な属性や資質をもった特別な人であるあなたを見つけたときには、私の特別な必要をあなたに満たしてもらうことにする」と。これが、〈特別な関係〉という名称の由来です。そして、「私の特別な必要が、あなたの中のある特別な資質によって満たされ、それによりあなたは特別な存在になる。そして、私が自分で設定した通りの私の特別な必要をあなたが満たしてくれるならば、私はあなたを愛そう。そしてまた、あなたに、私が満たしてあげられる何らかの特別な必要があるとき、あなたは私を愛するようになる」、というものです。自我の視点から言えば、これが、天国のように理想的な結びつきということになります。

したがって、この世界が愛と呼ぶものは、実際には特別性であり、真の愛が甚だしく歪曲されたものです。これと同じような種類の力動《ダイナミックス》を表現する別の言葉は、「依存」です。私は、自分の必要を満たすためにあなたに依存するようになり、あなたもあなたの必要を満たすために私に依存するように仕向ける、というものです。二人が共にそれを行なっている限り、すべてはうまくいきます。これが、基本的に言って、特別性というものの意味です。その意図は、私たちの中に知覚されている欠乏を補うために、誰か別の人を使って空洞を埋めるということです。私たちは、対人関係において、最もはっきりと、また最も破壊的にこれを行なっています。けれども、物質やものごとを相手に、同じことをすることも可能です。たとえば、アルコール中毒の人は、自分の中の空虚感を、酒瓶との特別な関係を通して満たそうとしています。過食症の人も食べることを通して同じことをしています。狂ったように何かに熱中する人々、たとえば、やたらに大量のたくさんの服を買い込むとか、大金を儲けるとか、数多くの物品を手に入れるとか、この世界の中の特定の地位を獲得しようとするなどといったことも、同じです。これは、私たちが自分の中で自分自身についてやるせない気持ちを感じているときに、自分の外で、何か自分を良い気持ちにしてくれることをすることによって、それを埋め合わせようとする試みです。「テキスト」の最後の方に、「あなた自身の外を探してはならない」（T-29．VII）という、非常に美しく、力強いセクションがあります。私たちは自分の外を探しているときは、常に、偶像を探しています。『講座《コース》』では、偶像とは、神の代替と定義されています。本当は、神のみが、この必要を満たすことができるのです。

特別性の三つのパターン

要するに、特別性というものは、罪悪感から私たちを守ってくれるように見えながらも、実は罪悪感を強化し続けるもので、それが自我の目的に役立ちます。そして、それは三つの基本的なパターンで行われます。このパターンについて、これから説明します。

（パターン・その1）

第一のパターンは、もし私に特別な必要があり、あなたがやってきてその必要を満たしてくれることになった場合、私が実際に何をしたのかと言えば、あなたを私の罪悪感の象徴としてしまったということです。（今、この説明は、自我の枠組の中だけで考えています。ここでは、聖霊のことは考えずに話を進めます。）ここで、私がしたことは、あなたを私の罪悪感と関連付けたということです。なぜなら、私が、あなたとの関わりとあなたへの愛に与えた唯一の目的は、私の必要を満たす、ということだけだからです。したがって、意識的レベルでは、私はあなたを愛の象徴にしたわけですが、無意識のレベルでは、実は、私はあなたを自分の罪悪感の象徴にしてしまったのです。私がこの罪悪感をもっていなかったなら、私はあなたをこのような形で必要としなかったでしょう。私がこのような形であなたを必要としているという事実そのものが、私は本当は有罪なのだということを、無意識のうちに、私自身に思い出させています。以上が、〈特別な愛〉が、その愛によって防戦しようとしている罪悪感そのものを強化する第一のパターンです。あなたが私の人生において重要になればなるほど、「あなたが私の人生で果たしている真の役割は、私の罪悪感から私を守ることである」ということを私は思い出すことになり、それは、私が有罪であるという事実をさらに強化することになります。

このプロセスのイメージとして役立つのは、私たちの心をガラスの瓶に喩えることです。そして、この瓶の中には、私たちの罪悪感のすべてが入っていると仮定します。私たちが世界中の何よりも欲していることは、この罪悪感を安全に瓶の中に閉じ込めておくことです。私たちはそれについて知りたくありません。私たちが特別なパートナーを探すとき、私たちはその瓶の蓋となる誰かを探しているのです。その蓋をしっかりと閉めておきたいと思っています。蓋がしっかり閉まっている限り、私の罪悪感は意識の表面に浮上してくることはありませんし、私がそれについて知ることもありません。それは私の無意識の中にとどまります。とはいえ、あなたが私の瓶の蓋になってくれることを私が必要としているという事実それ自体が、その瓶の中には何かおぞましいものが入っていて、自分はそれが外に漏れたり流出したりしないよう願っているということを、私に思い出させています。繰り返しますが、私があなたを必要としているという事実自体が、私がこうした罪悪感のすべてをもっているということを、無意識のうちに私に思い出させているのです。

（パターン・その2）

〈特別な愛〉が罪悪感を強化する二番目のパターンは、「ユダヤ人の母親症候群」とでも言えそうなものです。私のすべての必要を満たしてきた人が、突然、変わり始め、初めの頃と同じやり方で私の必要を満たしてくれなくなったとき、何が起こるでしょうか。人間には、残念ながら、変化し、成長していくという性質があり、私たちが願っている通りに不変のままでいてはくれません。だから、これが何を意味するかと言うと、ある人が変わり始めると、瓶の蓋がゆるんでくるのです。たとえば、最初に私を必要としてくれていたようには、もはや私を必要としてくれなくなった、というようなことが起こるわけですが、そうすると、私の特別な必要は、もはや私が要求していた形では満たされなくなります。この蓋がゆるみ始めると、私の罪悪感が突然、浮上してきて、漏れでてくるようになり、私を脅かし始めます。瓶から罪悪感が漏れ出てくるというのは、私が本当は自分がどんなにおぞましい存在だと信じているかということを、意識するようになってくるという意味です。そして、それこそが、私が何としても絶対に避けたいと思っていることです。

「出エジプト記」の中で、神はモーゼにこう言います。「私の顔を見て、なお生きていることはできない」と。私たちは罪悪感についても同じことが言えます。「誰も罪悪感の顔を見て、なお生きていることはできない」と。私たちが自分のことを本当はどんなにおぞましい存在だと信じているのかを直視するというのは、胸が押しつぶされるような経験なので、それに対処しないですむためなら、私たちは世界中のどんなことでもしようとします。ですから、この蓋がゆるみ始めて、私の罪悪感が表面にあふれ出てくるようになると、私はパニック状態に陥《おちい》ります。なぜなら、突然、私は自分自身について抱いているぞっとするような感情のすべてに直面しなければならなくなるからです。そうすると、私の目標は非常にシンプルなものとなります。つまり、その蓋をできるだけ早く、またしっかりと閉め直すことです。ということはつまり、私はあなたに、昔通りのあなたにもどってくれるように望むということです。そして、自分の望むことを誰かにやらせようとするとき、世界で一番強力な方法は、その人に罪悪感を抱かせることです。あなたが誰かに何かをしてもらいたいなら、その人をいい気持ちにさせておいてから、罪悪感を抱かせることです。そうすれば、その人はあなたの望み通りにしてくれることでしょう。誰も罪悪感を感じていたくはないからです。

罪悪感を通しての操作というのは、典型的なユダヤ人の母親の手口です。ユダヤ人でない方々でも、もちろん誰でもこれについてはよくご存知のはずです。イタリア人でも、アイルランド人でも、ポーランド人でも、どこの国の人でも同じことです。というのも、この症候群は普遍的なものだからです。つまり、狙いとしているのは、相手に罪悪感を抱かせようとすることであり、だから私は、たとえばこんなことを言います。「いったい君に何が起こったんだ？　以前の君はあんなにまともで、親切で愛情深く、思慮深くて繊細で、優しくて理解ある人だったのに。今の君はどうだろう！　何と変わってしまったことだろう！　今では君には心遣いというものがなくなっている。利己的で、身勝手だし、鈍感になってしまった、云々」と延々と続くわけです。ここで私がもくろんでいることは、あなたが罪悪感を感じるあまり、以前のあり方に戻ろうとするように仕向けることです。これについては、皆さんもよくご存知の通りです。

さて、ここであなたが、私がやっているのと同じ罪悪感ゲームに参加しているのなら、あなたは私が望むとおりのことをしてくれて、蓋は再びかたく閉められ、私は以前と同じようにあなたを愛する、ということになります。もしもあなたがそうしなかった場合、つまり、もはやこのゲームを続けたくないならば、私はあなたに対して猛烈に怒り出し、私の愛は速やかに憎悪と化します。（もともと最初からずっと、それは憎悪だったのですが。）最初の例で説明しました通り、私たちは自分が依存している相手を、常に憎むものです。というのも、私たちがそんなにも依存している相手は、私たちに自分の罪悪感を思い出させており、私たちは罪悪感を憎悪しているからです。ですから、それとの関連において、私たちは自分が愛していると公言している相手をも憎むことになります。これが二番目のパターンで、これは、憎しみがその真の正体であることを実証しています。あなたが私の必要を私の望むとおりに満たさなくなったとき、私はあなたを憎み始めます。そして私があなたを憎む理由は、自分で自分の罪悪感に対処するのは耐えられないことだからです。それが、「蜜月の終わり」として知られているものです。近年においては、それが起こる時期はどんどん早くなってきているようです。

特別な必要が以前のような形では満たされなくなったとき、愛情は憎悪に変わります。相手が私に、「私はもうあなたの瓶の蓋になることはやめます」と言うときに起こることはわかりきっています。私は別の相手を見つけることになります。「ワークブック」のレッスンに、「別の形態を見つけることは可能である」(W-pI.170.8:7)と書かれている通りであり、それはかなり簡単に見つかるものです。ですから、ただ同じ力動《ダイナミックス》を、一人の人から別の人へと移すだけです。これを何度でも延々と繰り返すことができますし、あるいは、それをやめて、真の問題について何かをすることもできます。つまり、真の問題とは、自分自身の罪悪感です。

あなたが真にその罪悪感を手放したとき、それまでとは異なる関わりを始める用意ができたことになります。これが、聖霊が見ている通りの愛というものです。けれども、あなたが真に罪悪感を手放すまでは、あなたにとっての唯一のゴールは、自分の罪悪感を隠しておくことだけであり、ただ、瓶の別な蓋を探すだけです。そしてこの世界は、こうした必要を満たしてくれる人々を見つけることにかけては、常に、非常に協力的です。そして私たちは、連綿と続く〈特別な関係〉を次から次へと乗り換えていきます。このプロセスについては、『講座《コース》』が、読むのが辛くなるほど克明に描写しています。

〈パターン・その3〉

このように特別性が憎悪の隠れ蓑となり、罪悪感を隠す偽装となるのが〈特別な関係〉ですが、その三番目のパターンは、〈特別な憎悪〉と〈特別な愛〉の両方に当てはまります。私たちが自分自身の必要を満たすための手段として他人を利用するときはいつでも、私たちは実際には、その人々を、本当の彼らとして見てはいません。彼らの中のキリストを見ていません。私たちはただ、自分の必要を満たしてもらえるように彼らを操作することのみに、関心を抱いています。私たちは実際、彼らの中に輝いている光としての彼らを見ることはしていません。私たちが真に見ているのは、私たち自身の特定の闇に相当するような、特定の形の闇としての彼らです。そして、自分の必要を満たすために誰かを利用したり操作したりするときはいつでも、私たちは本当は彼らを攻撃しているのです。なぜなら、そのとき私たちは、彼らを自我として見ることで、キリストとしての彼らの真のアイデンティティーを攻撃しているからです。そして、彼らを自我として見るなら、それは私たち自身の中の自我も強化することになります。攻撃というのは常に憎悪です。だから、攻撃したことに対して、私たちは罪悪感を感じないわけにはいきません。

以上の三つのパターンが、自我が、私たちには別のことをしていると言いながらも、罪悪感を強化する具体的なやり方を示しています。だから、『講座《コース》』は、〈特別な関係〉が「罪悪感の拠点」であると説明しているのです。

繰り返しますが、自我の立場から見て、〈特別な愛〉がこんなにも打撃をもたらす効果的な防衛となっている理由は、それがその真の正体とは違ったものに見えるからです。〈特別な愛〉が最初に生じるときには、それは実に素晴らしく、愛に満ちて神聖なもののように見えます。けれども、それはすぐに変化してしまいます。ただし、その外見を超えて進み、根本的問題、つまり私たちの罪悪感にまでたどり着くことができるならば、話は別です。

二つの絵

「テキスト」の中に「二つの絵」（T-17.IV.）という重要なセクションがあります。そこでは､自我の絵と聖霊の絵の相違について述べています。自我の絵とは〈特別な愛〉のことであり、それは罪悪感、苦しみ、そして究極には死を描いた絵です。これは、自我が私たちに見せたい絵ではありません。なぜなら、すでに述べたように、もしも自我が本当は何をたくらんでいるかがわかったなら、私たちが自我に注意を払うはずはないからです。ですから、自我は、ダイヤモンドやルビーやその他ありとあらゆる豪華な宝石類で輝いている非常に美しい、凝った装飾の額縁に、その絵をおさめます。私たちは額縁に魅了されてしまいます。つまり、特別性が私たちに与えてくれる「良い気持ち」のように感じられるものに魅了される､ということです。そして､私たちは､罪悪感と死という真の贈り物を認識しません。私たちが額縁の近くまで行って、じっとそれを見つめてみるときにのみ、そこにあるのは、ダイヤモンドではなく涙であり、ルビーではなくしたたり落ちる血のしずくだったということがわかります。自我とは、ただこれだけのものなのです。この「二つの絵」のセクションは、非常に迫力あるセクションです。一方、聖霊の絵はかなり異なります。聖霊の額縁はゆったりしたものなので、すぐに絵からはずれ落ちて、神の愛そのものでもある真の贈り物を私たちに見せてくれます。

〈特別な関係〉と〈神聖な関係〉

もう一つ、〈特別な関係〉と〈神聖な関係〉に関連して、非常に重要な特性があります。それは、私たちがこの二つのうちのどちらの関係に関わっているのかを常に露見させてしまう決定的証拠となるものです。それは、私たちはいつでも、第三者に対する自分の態度によって、この二つのケースを見分けることができる、というものです。もし私たちが〈特別な関係〉に関わっているのならば、その関係は排他的なものです。その中には、別の誰かが入り込む余地はありません。自我が実際にはどう機能しているかを認識しているなら、この理由は明白です。私があなたを私の救済者にしており、あなたが私の罪悪感から私を救ってくれるというのであれば、私に対するあなたの愛や、あなたが私に向ける関心が、私が隠したままにしておこうとしていることこの罪悪感から私を救ってくれるということになります。しかし、あなたが私以外のものに関心を抱くようになったなら—それが別の人であれ、別の活動であれ—あなたは一〇〇パーセントの関心を私に与えてはくれません。あなたが関心や注意の対象を別の物や別の人に向け始めるとき、その関心と注意の移行の度合いに反比例して、私があなたから受け取るものがそれだけ少なくなります。つまり、一〇〇パーセント得られないならば、私の瓶の蓋がゆるんでくるということです。そして、それがあらゆる嫉妬の原因です。人が嫉妬する理由は、自分の特別な必要が、本来満たされるべき方法ではもはや満たされなくなると感じるからです。

ですから、もしあなたが私に加えて他の誰かのことも愛しているのだとしたら、私が得られる愛が減るという意味になります。自我にとっては、愛とは定量的なものなのです。世間に行きわたる分量には限りがあるので、もし私がこの人を愛するなら、あの人のことは同じ分だけ愛することはできない、ということになります。聖霊にとっては、愛とは質の問題であって、すべての人々を包み込むものです。けれどもこれは、私たちがすべての人々を同じように愛するべきだという意味ではありません。この世界においては、それは不可能です。それではそれが意味しているのはどういうことかと言えば、愛の源が同じだということです。愛そのものは同じですが、その表現手段は異なる、という意味です。

私は自分の両親のことを、この部屋にいる誰の両親よりも、「もっと愛す」でしょう。けれどもそれは、質においてではなく、量においてのことです。基本的に言って、愛は同じものですが、明らかに、異なった形で表現されます。私が自分の両親を愛したからといって、それにより、私があなたの両親をより少なく愛するということにはなりませんし、私の両親の方が良い人間だということにもなりません。それが意味していることは、私の両親は、私が選んだ人々だということだけです。彼らとの関わりにおいて、私は赦しを学び、それによって、私が神の愛を思い出すことができるようになる、ということです。つまり、あなたが誰かとの間に、他の人々に対するときよりも深い関わりをもったとしても、あなたがそれについて罪悪感を感じたりしなくていい、という意味です。このことの明確な実例が、福音書の中にもあります。イエスは弟子たちの中でも特定の弟子たちとずっと親しかったし、他の信者たちよりも、彼の弟子たちと親しくしていました。このことは、彼が他の人々をより少なく愛したという意味ではありません。ただ、同じ愛が、ある人々に対しては、他の人々に対するときよりも深く親密に表現されていたということです。

〈神聖な関係〉というのは、一人の人を愛するにあたって、あなたは他の誰をもそこから除外していないという意味です。愛することが、誰かを犠牲にして為されているのではない、ということです。〈特別な愛〉は、常に、誰かの犠牲の上に成り立っています。それは常に、比較による愛であり、そこでは、特定の人々が他の人々に比べられています。ある人々には欠点がある、ある人々は好ましい、などと見なされます。〈神聖な関係〉を通してこの世界に表現される愛は、そういうものではありません。あなたが特定のレッスンを学び、教えることができるように、ある特定の人々があなたに「授けられて」いると同時に、あなた自身によって選択されていると、あなたは認識します。けれども、あなたはその人を、他の人々よりも優るとか劣るとかいった存在にしてしまうことはありません。もう一度言いますが、そのように他の人々を除外する度合によって、何らかの関わりが、〈神聖な関係〉ではなくて〈特別な関係〉となっているかどうかを見分けることができます。

第三章原注

〔原注3〕 初版の「テキスト」は622ページだったが、第二版では、669ページになっている。

第三章訳注

〔訳注13〕（W-pI.153.2-3）「世界はただ防衛の姿勢を引き起こすのみである。脅威は怒りをもたらし、怒りは攻撃を当然で正直な反応と見せ、正当防衛の名において正義にかなったものと思わせる。しかし防衛の姿勢は二重の脅威である。それは弱さを証《あか》し、効果のない防衛体系を打ち立てるからである。そうなると、弱きものがさらに弱められる。なぜなら、今や、外にも裏切りがあり、内には更に大きな裏切りがあるからである。心は今や混乱し、自らの想像の産物から逃れるために何に頼ればよいのかわからない。

それはまるで、もはや脱出を望むことも達成することもできなくなるまで幾重にも心を取り囲んで、しっかりと封印してしまう円陣のようなものである。攻撃しては防衛し、防衛しては攻撃する。これが日々、刻々と繰り返される。一巡すればまた最初から始まるこの周期が、心を幾層もの鉄と鋼からなる分厚い壁の中に閉じ込める。心を幽閉し、どこまでも締め付けてくるその力には、中断も終わりもないように見える。」

第四章　正しい心の状態―聖霊の思考体系

『奇跡講座』の中に、とても美しい一節があり、その中でイエスは、私たちの愛のこもった想念のすべてを保存して、それらがもつ光を覆い隠していた誤りから、それらを清めてくれた、ということを言っています（T-5. IV.8:3-4）〔訳注14〕。これを私たちにとっての現実とするためにイエスが私たちから必要としているのは、ただ、そうであるという事実を受け入れることだけです。とは言っても、私たちが自分の罪悪感にしがみついているなら、それを受け入れることはできません。今からお話するのは、こうした罪悪感をすっかり手放すのにうってつけの方法を、聖霊がどのようにして私たちに与えてくれるのか、ということについてです。

A. 怒りと赦し

聖霊のやり方は非常に巧みです。自我は自分をかなり賢いと思っていますが、聖霊の方が一枚上手です。聖霊は、自我が私たちを十字架にかけて、罪悪感の牢獄に閉じ込めておくために使ってきた投影の力動《ダイナミックス》そのものを使って、自我に対して形勢を逆転させるのです。

罪悪感を取り消す方法

投影を、映写機による映画のようなものと考えてみてください。そして、私の心が映写機であり、私には、いつも映写している罪悪感のフィルムがあると想像してみてください。これはどういう意味かと言うと、私は自分の世界を隅から隅まで、自分の罪悪感を表わす人々で埋め尽くす、ということです。これらの人々が映し出されているスクリーン上に、私は自分のフィルムから罪悪感を投影し、自分自身の罪と罪悪感を、自分以外のあらゆる人々の中に見ます。

私がそのようなことをする理由は、そうすることが自分の罪悪感を追放する方法だという自我の論理に従っているからです。

さて、私が自分の罪悪感に自分ひとりで対処するなどということは、到底できないことです。罪を直《じか》に見て、なお生きることなど絶対にできません。そんなことは考えただけでもぞっとさせられます。ところが、自我のやり方を逆手《さかて》に取れば、罪悪感を手放すことができるのです。自我は私の罪悪感を追放すると見せかけながらそれを強化することによって、私を攻撃してきたわけですが、そのときに自我が用いる「自分の罪悪感を自分の外に置く」というメカニズムそのものが、罪悪感を手放す機会となるのです。つまり、私が自分自身の中では直視することができない罪悪感をあなたの中に見ることが、私がその罪悪感を手放す機会となる、ということです。

そして、これがとりもなおさず、赦しというものの簡潔な定義です。赦しとは、罪悪感の投影を取り消すことです。

繰り返すと、自分ひとりでは対処できず、自分の中で解き放つことができない私の罪悪感を、「あなた」というスクリーンに投影することによって、私はそれを見ることができるようになり、「今、私はそれを違った見方で見ることができる」と言える機会が得られる、ということです。私があなたの中で看過して赦す罪や罪悪感は、実際には、私が自分自身の罪や罪悪感と見なしているものと同じものです。ところで、これは罪の内容が同じ、という意味で、形は全く異なることもあります〔訳注15〕。それをあなたの中で赦すことによって、私は、事実上、それを自分自身の中で赦していることになります。これが、『講座《コース》』全体の中で、鍵となる概念です。これが、実際、あれほどたくさんの言葉を用いて表現されていることの真髄です。私たちは自分の罪悪感を他人に投影します。だから、その相手を、聖霊が私たちに望んでいる通りの見方で見ること――つまり、キリストの心眼《ヴィジョン》を通して見ることを、私たちが選択するとき、私たちは自分自身についての思考を逆転させることができるのです。

私が自分の闇をあなたの上に投影したからこそ、あなたの中のキリストの光が隠されているわけです。だから私が、「あなたは闇の中にいるのではない」と明言することに決めるなら、私は事実上、自分自身についてもまったく同じことを表明していることになります。つまり、「あなたは、本当は光の中にいる」と認める決断は、私があなたの上に置いた闇を手放そうという決断です。ということは、キリストの光があなたの中で輝くだけでなく、私の中でも輝くと、私は言っていることになります。そして、実は、それは同じ光なのです。以上が、赦しの概略です。

そういうことであれば、私たちは自分の人生で出会うすべての人に感謝すべきだということになります。特に、私たちにとって最も厄介な相手となる人々について、それが言えます。私たちが最も憎んでいる相手、最も不愉快だと思う相手、一緒にいるのが最も気まずい相手、こういった人々が、聖霊が私たちに「送った」人々です。彼らこそ、私たちが最初は自分の罪悪感を投影してしまったけれども、別な選択ができるということを教えるために、聖霊が使うことができる人々です。これらの人々が私たちのフィルムから人生のスクリーンに映し出されていなければ、この罪悪感が本当は自分の中にあることを私たちが知ることはできません。ですから、それを手放す機会もなくなります。自分の罪悪感を誰か別の人の中に見て、そこでそれを赦すことが、私たちが自らの罪悪感を赦し、そこから自由になるための唯一のチャンスです。その別な人の中でそれを赦すことによって、私たちはそれを自分の中で赦していることになります。実質的には、今述べたことの中に、『奇跡講座』が凝縮されています。

赦しの三つのステップ

ですから、赦しは三つの基本的なステップに要約できます。第一ステップは、問題は外のスクリーン上にあるのではないと認識することです。問題は内側、すなわち、私のフィルムの中にあるのです。私たちが怒っているときはいつでも、「問題は自分の中ではなく他人の中にあるので、変わらなければならないのは自分ではなく他人である」と思っていますが、この第一ステップの要点は、そうした怒りは正当化されない、ということです。だから、このステップで、問題は外にあるのではなく、自分の中にあると認めます。このステップがなぜそんなに重要かと言えば、神は、分離という問題に対する答えを、私たちの中に置いたからです。聖霊は私たちの外にいるのではありません。私たちの心の中にいるのです。投影しているときは、問題は自分の外にあると主張しているわけですが、私たちはそれによって問題を答えから離したままにしていることになるのです。これはまさしく自我が望んでいることです。なぜなら、自我の問題が聖霊によって答えられてしまったら、もはや自我は存在できないからです。

ですから、自我は、問題は私たちの外にあるということを私たちに信じ込ませるにあたって、非常にずる賢く狡猾です。たとえば、自分の両親、教師、友人、配偶者、子供、さらには大統領などといった人々まで含む他人、または、株式市場でも、天候でも、あるいは神でさえもが、問題の在処《ありか》だと私たちに信じさせます。私たちは、問題がその本当の在処《ありか》ではない場所にあると見ることが、とても上手です。それによって、その問題に対する解決法を、問題から分離されたままにしておくことができます。

この点をはっきりさせてくれる「ワークブック」のレッスンは、七九と八十です。「問題が解決されるように、私が問題を認識できますように」と、「すべての問題はすでに解決されていると認識できますように」です。

問題は一つしかありません。それは、分離を信じる信念そのもの、つまり、罪悪感という問題であり、それは常に私たちの外ではなく中にあります。しかし、赦しのための最初のステップは、問題はあなたにあるのではなく私の中にある、と認めることです。罪悪感はあなたの中ではなく、私の中にあります。問題は、私が映像を投影したスクリーンではなく、私の中にあるフィルムであり、そのフィルムは罪悪感のフィルムです。

さて、次のステップに移りますが、これが一番むずかしいステップです。これは、私たちの誰もが、ありとあらゆる手段を講じて避けようとしているステップです。それは、フィルムそのもの、つまり私たち自身の罪悪感に対処することです。もともとこれをしたくないからこそ、私たちみんなが、何としてもこの怒りと攻撃を正当化して持ち続けようとしているわけですし、世界を善と悪に分かれたものとして見ていたいと思っているわけです。そうしている限り、私たちはこの第二ステップに取り組まなくてすみます。つまり、自分自身の罪悪感やあらゆる自己嫌悪の気持ちを見ることをせずにすむのです。

第一ステップでは、自分の怒りというものは、自分の罪悪感を投影しようとして自分が下した決断である、と認めるわけですが、その次にくるこの第二ステップでは、この罪悪感それ自体も、かつて自分自身が下した一つの決断の表れであると認めるのです。それは、自分のことを罪悪感を抱いた有罪な者として見ることに決め、罪悪感のない無罪の者とは見ないことにするという決断です。こうした決断の代わりに私たちが受け入れなければならないのは、自分は神の子であって、自我の子ではない、ということです。そして、自分の真の家は神の中にあって、この世界の中にはない、ということです。しかし、それを受け入れられるようになるためには、まずその前に、自分の中に罪悪感があるということを正視して、その上で、罪悪感というものは自分の真の本質ではないと認めなければなりません。そして、私たちがそれを認めることができるようになるための手段として、その前にまず、誰か他の人を見て、「私が自分の罪悪感を投影することによって作り上げたあなたは、真のあなたではない。あなたは、本当は、神が創造したままの存在である」と認めることが必要なのです。

罪悪感を正視することの難しさ

『講座《コース》』の中には、自分の中の罪悪感を見るということの第二ステップが、恐怖を抱かせるほどのものであることを説明する非常に強烈な描写がいくつかあります。このコースについて人々が誤解しやすい点、特にこのコースを初めて手にしたときに誤解しやすい点は、これがまったく楽にできることだと思ってしまうことです。注意しないと、その一見簡単そうな見かけに騙されてしまいます。一つのレベルにおいては、『講座《コース》』は、これがどんなにシンプルなことであるかということを語っています。私たちはただ、「神の家にいながら、流刑の夢を見ている」(T-10.I.2:1)だけだとか、私たちがただ心を変えさえすれば、このすべてが一瞬のうちに達成されるだとか、そういったことが述べられています。このため、私たちはそのような文面を読んで、このプロセスがもたらすことになる恐怖について述べている他の部分はすっかり忘れてしまう、ということが起こります。つまり、私たちが自分の罪悪感と取り組もうとして上記のステップを進み始めたときに生じてくる、不快感、抵抗、葛藤といったものについて書かれている部分を忘れてしまうのです。

自分の罪悪感と恐れに取り組むことなく自我を手放すことができる人はいません。なぜなら、罪悪感と恐れこそが自我そのものだからです。イエスは福音書の中で、私たちが自分の十字架を背負って彼に従うのでなければ、彼の弟子にはなれないと言いました。(マタイ10:38、マルコ8:34、ルカ14:27)彼が語っていたのは、このことだったのです。自分の十字架を背負うというのは、自我を乗り越えて、自分自身の罪悪感や恐れに取り組むということです。このプロセスを困難と苦痛なしに通過することはできません。けれども私たちが困難と苦痛を味わうことが神の意志だということではありません。これは私たち自身の意志です。罪悪感をつくりだしたのは私たちなのですから、私たちは罪悪感を手放せるようになる前に、まずそれを正視しなければなりません。そして罪悪感を正視するということは、非常に苦しいものとなることがあります。『講座《コース》』の中の特に二つの部分が、このプロセスと、それにどれほどの恐怖が伴うかを描写しています。「ワークブック」のレッスン一七〇と一九六（W-pI.170とW-pI.196. 9-12）です。「テキスト」の「二つの世界」（T-18.IX.3）も、私たちが通過しなければならない恐怖のように見えるものや、神に対する恐れに対処するときの恐怖について語っています。この神に対する恐れとは、平安に到達する前の最後の障壁であり、そこに私たちの罪悪感が最も深く埋《うず》められています。

ですから、第二ステップは、自分の罪悪感を正視して、それは自分がでっち上げた作り事であると自ら進んで認めようとする意欲をもつことです。この罪悪感は神から私たちに授けられたものではなく、私たち自身が、自分を神が創造した存在とは違うものとして見ると決断したことによってもたらされているのです。それは、私たちが自分自身を、神の子としてではなく、罪悪感を抱いている自我の子として見る、という決断でした。

『講座《コース》』が実にはっきりと強調していることは、罪悪感をつくり出したのは私たちなのだから、それを取り消すことができるのは私たち自身ではない、という点です。罪悪感を取り消すには、自我の外側からくる助けが必要です。この助けが聖霊です。ですから、私たちにとっての唯一の選択肢は、聖霊を招き入れて、自我の思考体系の誤りを正してもらい、私たちから罪悪感を取り除いてもらうことです。こうして聖霊が私たちの罪悪感を取り除くのが、第三ステップです。第二ステップは、事実上、聖霊に向って、「私は、もはや、自分自身を罪悪感にさいなまれた者として見ることを望みません。どうか、これを私から取り去ってください」と求めることです。第三ステップは聖霊の役目であり、聖霊はただ罪悪感を取り去るだけです。というのも、実際には、聖霊はすでにそれを取り去っているからです。私たちがそのことを受け入れるかどうかという点だけが問題なのです。

以上の三つのステップを繰り返しますと、第一ステップは、「問題は自分の外にあるのではない。自分の中にある」と認めることによって、投影されている怒りを取り消します。第二ステップは、自分の中にある問題とは自分でつくり出したものであり、もはや、自分では望まなくなっているものであると認めることです。そして、そのあと、私たちがその問題を聖霊に預けて、聖霊がそれを私たちから取り去ることで、第三ステップが達成されます。

これらのステップは非常にシンプルなもののように聞こえますが、一生かけて成し遂げられれば運が良い方だ、と言えるくらいむずかしいことです。一朝一夕で達成できるようなものだと思ってはいけません。一年かけて「ワークブック」を修了すれば天国に到達できるといった魔術的な希望を抱いている人々もいるようですが、「ワークブック」の最後まで行き着くと、そういう希望はくつがえされます。「このコースは始まりであって、終わりではない」（W-pII. ep.1:1）と書かれているからです。「ワークブック」の目的は、私たちを正しい軌道に載せることであり、私たちを聖霊の指導下におき、その後は、聖霊と共に生きるようにさせることです。罪悪感を取り消すことは一生かけて取り組むべき課題です。私たちの中の罪悪感は実に膨大なものだからです。その膨大さたるや、もしもそのすべてに一度に直面するようなことにでもなったなら、死んでしまうか発狂するかと思われるほどのものです。ですから、一度に少しずつ取り扱うことが必要なのです。私たちの人生を構成するさまざまな経験や状況が、罪悪感のある状態から無い状態へと私たちを導く聖霊の計画の一部として用いられることが可能です。

『奇跡講座』は、多くの箇所で時間を省くということについて語っています。実は、数千年もの時間を省くということを、何度も述べています。（たとえば、T-1.II.6:7など）〔訳注16〕しかしこれは、時間という、この世界の幻想の枠の中でも、依然として非常に長い時間のことについて語っているわけです。私がこの点を強調している理由は、みなさんが『講座《コース》』を学び続けているのに相変わらずいろいろな問題を抱えている、というようなときに、罪悪感を感じてほしくないからです。このコースの実践レベルにおける真のゴールは、問題から解放されることではなく、問題とは何であるかを認識し、その後、自分自身の中で、それを取り消す手段を認識することです。

繰り返しますが、『講座《コース》』の目的は非常に明確で、自我の思考体系と聖霊の思考体系――すなわち、私たちの間違った状態にある心と、正しい状態にある心――を提示し、それによって、私たちが〈間違った心の状態〉を退け、赦しと聖霊を選ぶ選択ができるようにすることです。これは長い時間のかかるプロセスですから、私たちには忍耐が必要です。罪悪感から一晩で逃れられるような人は一人もいません。自分は自我を超越したと自称しているような人々は、実際にそうである可能性は薄いでしょう。もし本当に自我を超越した人がいたなら、その人はそんなことを他人に触れ回ることはしないでしょう。そういうレベルのことは超越しているはずです。

赦しの実践の具体例

さて、次に、今述べたことがどういうふうに実践されるのかについて、具体的にお話しましょう。ここで、私たちが自分の生活の中で生じてくる状況にどのように対処することを　イエスと聖霊が私たちに望んでいるのかが、はっきりすることと思います。

たとえば、私がここに座って、神のことに思いを向けようとしているとします。そしてそこに誰かが入ってきて、私を侮辱するとか、私に向って何か挑発的なことをするとしましょう。そしてまた、ここに座っているそのとき、私は自分の〈正しい心の状態〉にいないと仮定してみましょう。つまりそのとき、私は自分が自我であると信じている、ということです。私は恐れを抱き、罪悪感を感じています。神が自分と共にいるとは信じていません。私は自分自身についてあまり良い気持ちを感じてはいません。そこにあなたが入ってきて、私に向って大声でわめきちらし、ありとあらゆる理由で私を責め立てるとします。あるレベルでは、私は有罪であるわけですから、あなたから私への攻撃は正当性のあるものだと信じることになります。これは、あなたが言ったことや、言わなかったこととは全く関係がありませんし、あなたが言っていることが真実かどうかにも関係ありません。私がすでに罪悪感を感じているという事実が、私は「自分が処罰され、攻撃されるべきだ」と信じなければならないと要求します。だからあなたが部屋に入ってくると、私が自分の身に訪れるだろうと信じているまさにそのことを、あなたは行なうことになります。

それによって、二つのことが起こります。まず最初に、あなたから私への攻撃は、私がすでに感じている罪悪感のすべてを強化します。その次に、それは、あなた自身がすでに感じている罪悪感を強化します。なぜなら、あなたがすでに罪悪感を感じていなかったら、あなたが私を攻撃しようとするはずがないからです。あなたから私への攻撃は、あなた自身の罪悪感を強化します。

この状況において、私はただ黙って座ったまま、あなたからの攻撃を甘んじて受けるわけではありません。私は二つのうちのどちらか一つの行動をとりますが、どちらでも同じことです。

一つは、部屋の隅に行って泣き出し、あなたが私をどんなにひどく扱ったかをご覧なさいと、あなたに言います。あなたがどれほどの苦しみを私にもたらしたか、私がどんなに惨めな気持ちでいるか、そしてそれはあなたのせいであることを、よく見てほしい、と。私が伝えようとしていることは、「あなたが私に対して行なったひどいことのゆえに、今、私は苦しんでいる」ということです。これが、あなたは自分がしたことのゆえに、めいっぱい罪悪感を感じるべきだということをあなたに告げるための私のやり方です。

これと同じことを行なえるもう一つの方法は、あなたに反撃することです。私はあなたに罵詈雑言をあびせかけ、「よくもそんな口がきけるもんだね。君こそ、本当に邪悪な人間のくせに・・・云々」とたたみかけます。

私の側で行なうこれら二つの防衛は、実際には、あなたが私にしたことを理由に、あなたに罪悪感を感じさせる方法です。私がそれをあなたに対してしているということ自体が、私があなたを攻撃していることにほかならず、私はそれゆえに罪悪感を感じることになります。そして、すでに罪悪感を感じているあなたの上に、私が罪悪感を押し付けているという事実が、あなたの罪悪感を強化します。ですから、あなたの罪悪感が私の罪悪感に直面したそのとき何が起こるかというと、私たちはお互いの中にある罪悪感を強化し合うことになります。そして、二人とも、ますます、それぞれが住処としてきた罪悪感の牢獄に住み続けることを運命付けられます。

今度は、別の可能性を考えてみましょう。あなたがここにやってきて、私を侮辱するとします。けれども私は今、〈正しい心の状態〉にいて、自分自身について気持ちよく感じています。神は私と共にいるし、神は私を愛してくれているので、どんなものも私を傷つけることはできないと、私は知っています。あなたが私に何をしようと同じことです。なぜなら、私は神が私と共にいることを知っているからです。私は全く安泰で安全です。あなたが何を言おうと、そしてまた、それが何らかのレベルでは真実だとしても、より深いレベルでは真実ではあり得ないということを知っています。なぜなら、私は自分が神の子なので、父によって完全に愛されていると知っているからです。あなたのどんな言動も、このことを私から奪うことはできません。

さて、私がここに座っていて、そこにあなたがやってきて私を侮辱するとします。そのとき私がこのように〈正しい心の状態〉にいるとするなら、私には、あなたがしたことを別の見方で見る自由があることになります。新約聖書の「ヨハネの第一の手紙」（4:18）の中に素晴らしい言葉があります。完全な愛は恐れを取り去る、という言葉です。イエスは『講座《コース》』の中でも、この言葉を様々な形で何度か引用しています（例えば、T-13.X.10:4; T-20.III.11:3 参照）。このことが意味することは、完全な愛はただ恐れを取り去るだけでなく、罪、罪悪感、そしてあらゆる形の苦しみと怒りを取り去る、ということです。神の愛に満たされている人（そして、それと一体感をもっている人）が、恐れたり、怒ったり、うしろめたく感じたり、誰か他の人を傷つけようとしたりすることはあり得ません。神の愛を感じていながら他人を傷つけようとするなどということは、絶対にあり得ないことです。そのようなことは、全く不可能です。

ということは、もしあなたが私を傷つけようとしているのであれば、その瞬間においては、あなたは、自分が神の愛で満たされているとは信じていないということになります。その瞬間、あなたは自分を神の子と同一視してはいませんし、神をあなたの父だとは信じていません。その上、あなたは自我の状態にいるので脅威と罪悪感を感じます。そして、神が自分を捕まえにくると感じることになります。そして、こうした罪悪感のすべてをなんとかするためにあなたにできることは、兄弟を攻撃することしかありません。これが、罪悪感が常に行なうことです。したがって、私を侮辱したり攻撃したりするあなたの言動は、本当は、次のように言っているわけです。「どうか、私が間違っていると教えてほしい。お願いだから、私を愛する神がいると教えてほしい。そして私は神の子だということも。私が自分にとってはあり得ないと信じている愛が、本当は私のためにそこにあることをはっきりと示してほしい」と。ですから、どんな攻撃も、助けを求める呼びかけか、愛を求める呼びかけかのどちらかなのです。

愛を求める呼びかけ

「テキスト」第十二章の最初のセクション、「聖霊の審判」（T-12.I）は、このことを非常に明確に述べています。聖霊の目には、すべての攻撃が助けか愛を求める呼びかけなのです。なぜなら、もし人が愛を感じていたなら、攻撃することは決してできないからです。攻撃は、その人が自分が愛されていると感じていないという事実の表現です。ですから、それは愛を求める呼びかけなのです。それが語っていることは、「私が間違っていると教えてほしい。私を愛している神が本当に存在すること、私が神の子であり、自我の子ではないことをはっきりと示してほしい」ということです。もし私が〈正しい心の状態〉でここに座っているなら、そのような呼びかけを私は聞くことになります。攻撃の中に、愛を求める呼びかけを聞くのです。そしてその時、私は神の愛と一体感を感じているのですから、その愛を延長させていくこと以外にどんな反応ができるでしょうか?

私がその攻撃に対し具体的にどのような形で反応するかは、聖霊の導き次第です。私が〈正しい心の状態〉にいるなら、私は聖霊に尋ねるでしょうし、聖霊は私がどう反応すべきかを私に示してくれるでしょう。私の行動の形態は重要ではありません。これは行動や行為についてのコースではなく、私たちの考え方を変えることを教えるコースなのです。『講座《コース》』の中の言葉、「世界を変えようとするのはやめなさい。そうではなく、世界についてのあなたの心を変えることを選びなさい」(T-21.in.1:7)の通りです。私たちが、聖霊に倣《なら》った考え方をするなら、私たちが行なうすべてのことが正しい行動となります。かつて聖アウグスチヌスは次のように言いました。「愛しなさい。そしてその後は好きなようにしなさい」と。もし愛が私たちの胸《こころ》の中にあるなら、私たちが行なうすべてのことが正しくなります。愛が私たちの胸《こころ》の中にないなら、何を行なっても、それはすべて間違ったものとなります。ですから、あなたが私を攻撃しているときの私の関心事は、それに対して「私が何をすべきか」ということではありません。そうではなく、「どのようにすれば、〈正しい心の状態〉に留まっていられるか」です。そうすれば、自分が何をすべきかを聖霊に尋ねることができるようになります。再び言いますが、もし私が〈正しい心の状態〉にいれば、私はあなたの攻撃を、助けを求める呼びかけとして捉え、それが攻撃だとは全く思いません。

二者択一の選択

この「判断」という概念は極めて重要です。繰り返しますが、聖霊によれば、世界中のあらゆる人やものについて下せる判断は二つしかありません。それは愛の表現か、愛を求める呼びかけかの二つに一つです。この他に可能な選択肢はありません。

このように考え始めると、この世界に生きることは非常にシンプルなこととなります。もしも誰かが私に愛を表現しているなら、私もその人に愛を表現する以外にどんな応答ができるでしょうか？もし私の兄弟姉妹が、愛を求めて呼びかけているとしたら、その愛を与えること以外にどんな応答の仕方があるでしょうか？　ということは、私たちが何をしようと、世界が私たちに何をしているように見えようとも、私たちの応答は常に、愛による応答となる、ということで、すべてが、全くシンプルになります。『講座《コース》』が言う通り、「複雑さは自我に属するもの」（T-15. IV. 6:2）であり、簡潔さは神に属するものです。神の原理に従うとき、私たちが行なうすべてのことも、常に同じになります。第十五章の最後のセクションは、新年に書かれたのですが、イエスは新年の決意として、「今年一年をすべて均一にすることで、これまでとは違った年としなさい」（T-15. XI.10:11）と勧めています。すべてのものごとを愛の表現か、愛を求める呼びかけであるか、どちらか一つであるとして眺めるなら、あなたは常に同じ応答の仕方をすることになります。つまり、愛をもって応答する、ということです。

キリストの心眼《ヴィジョン》

赦しというのは、私があなたの攻撃という闇を超えたところを見て、それを、愛を求める呼びかけとして捉えるということです。それがキリストの心眼《ヴィジョン》です。そして、『奇跡講座』の到達目標は、私たちが、例外なくあらゆる状況やあらゆる人々に、その心眼《ヴィジョン》をもって臨むのを助けることです。たった一つでも例外を設けることは、罪悪感の闇の中に隠しておきたい部分、つまり絶対に光によって解放されたくない部分が、自分の中にある、と言っているのと全く同じことです。罪悪感を闇に包んだままにしておく方法は、それを相手の上に投影し、その一点の闇を相手の中に見ることです。『講座《コース》』が到達する最後の心眼《ヴィジョン》は、「テキスト」の最後のページに出てくる次の言葉で表わされています。「もはや**キリスト**の顔を隠す一点の闇も残っていません。」(T-31.VIII.12:5) その時、私たちの中にある罪悪感のすべての闇が消滅します。そして、私たちはキリストの顔を見ることになります。ところで、このキリストの顔というのはイエスの顔のことではありません。キリストの顔とは、私たちが世界中のすべての人々の中に見る無罪潔白の顔です。その時点で、私たちはキリストの心眼《ヴィジョン》を達成したことになり、それが『講座《コース》』が実相世界と呼んでいるものです。実相世界は、天国に行き着く前の最終到達地点です。

以上のことが、私たちが人生を生きる上で何を意味するのかといえば、私たちは生活の中で遭遇する出来事の一つ一つを、聖霊が私たちを助けるために使える機会と見なすことができる、ということです。つまり、生まれてから死ぬまで、また、毎日、朝起きてから夜寝るまでの間に起こるすべてのことが、私たちが自分自身を罪悪感のない者として見られるように聖霊に助けてもらう機会となり得るのです。自分の人生において出会う人々を見るときの見方は、自分自身を見るときの見方と同じです。したがって、最も扱いにくく、最も問題のある人々が、私たちにとって最大の贈り物となります。というのは、私たちがそういう人々との関わりを癒すことができるなら、その時、実は、私たちは自分と神との関わりを癒していることになるからです。

私たちが他人の中に見て、自分の人生からは除外しておきたいと思うような問題の一つ一つが、実際には、私たちの罪悪感のうちの何らかの部分を手放さずにいられるように、自分からは除外しておきたいという密かな願望を表しています。これが、自我は罪悪感に惹かれている、ということです。自分の罪悪感にしがみついているための最高の方法は、誰かの頭をぶん殴ることです。私たちがそうしたい誘惑にかられるときはいつでも、私たちの肩に手を置き、「兄弟よ、もう一度選び直しなさい」（T-31.VIII.3:2）と言ってくれる誰かが私たちと共にいるのだと、『講座《コース》』は私たちに教えてくれます。そして、その選択は常に、赦すべきか、赦さずにおくべきか、という選択です。私たちが他人を赦すことを選ぶという選択は、自分自身を赦すという選択と同じものです。内と外に違いはありません。すべてが、私たちが内で感じているものの投影です。私たちが自分の中で罪悪感を感じているなら、罪悪感を外に投影します。神の愛を内に感じていれば、私たちは神の愛を外に延長させていくことになります。生活の中の人々や状況のすべてが、自分の心という映写機の中にあるものを自分で見ることのできる機会を、私たちに与えてくれます。そのすべてが、私たちが別な選択をする機会です。

質問：　そうした考え方全般について、ただ聞いているだけのときは素晴らしいと感じられるのですが、それを実践する際の具体的な事例については、いろいろと考え込んでしまいます。その一つとして、自分が板ばさみ状態に陥っていて、解決しようがないといった状況が思い浮かびます。例えば、学校の課題で何らかのプロジェクトに取り組んでいるとします。そして、あと一時間で仕上げなければならないというときに、誰かから邪魔が入るとします。その時点では、まだどちらのやり方で対応するか選択するゆとりがあります。でもその人がまたまた自分を煩わせ、プロジェクトを仕上げるための時間はやはりあと一時間しかないとします。こういう場合、いったいどの時点でなら、〈正しい心の状態〉に留まりつつ、邪魔をやめさせられるようにきっぱりとした怒りを正しく表現できるものなのでしょうか？

回答：　非常に良い質問ですね。エール大学の教授ヘンリー・ニューマンがこんなことを言ったことがありました。彼はいつも仕事を中断させられてばかりいたのですが、ある日、中断させられること自体が自分の仕事なのだと認識した、とのことです。私自身もいつも中断させられてばかりいるのですが、私のような人間にとって、彼の言葉は非常に役立つレッスンとなります。指針となることを、いくつかお話してみましょう。

この問題は、実際、あなたがその一時間をどのように過ごすべきだと考えているかによります。つまり、あなたは自分のゴールを達成するべきだと信じているか、それとも、あなたのために神が用意しているゴールを達成すべきだと信じているか、ということです。一つの可能性は、その一時間の間にやるべきことは、本当はまる一時間かからない、ということが考えられます。あるいは、それは全くやらなくてもよいことであるかもしれません。そして、あなたを邪魔している人の方が、その仕事よりも重要であるかもしれません。あるいは、両方とも重要かもしれません。その仕事も仕上げなければならないと同時に、その人を赦すことも必要なのかもしれません。ここが、聖霊に対する信頼が非常に重要となるところです。私が今まで赦しについて話してきたことはすべて、私たちが行なわなければならないことに関するものでした。『講座《コース》』ははっきり断言していますが、赦しは私たち自身で実行することはできないものであり、聖霊によって私たちを通して為されるものです。ですから、何をしたところで間違ってしまうというような立場に自分が置かれているように思えるとき、聖霊を信頼しているならそれが偶然起こっているのではないということがわかるはずです。これはあなたにとっても、もう一人の人にとっても、非常に重要なレッスンの一部なのです。

そうしたときにあなたがすべきことは、自分の奥深くに入っていき、あなたなりのやり方で祈り、次のように言うことです。「聞いてください。私はこのプロジェクトを仕上げなければならないのですが、この人が私に向かって助けを求めて叫んでいます。私はこの人を、自分を邪魔する嫌な奴として見ることはしたくありません。そうではなく、私の兄弟として見たいのです。どうか助けてください！」と。それが本当にあなたのゴールであるなら、つまり「自分がしなければならないと思っている仕事に取り組んでいる間、誰のことをも傷つけたくない」というのがゴールであれば、なんとか、事はうまく運ぶはずです。

それが、奇跡というものです。つまり、奇跡とは、外で起こる何か魔術的なことではありません。それは、あなたの中で起こることであり、それによって、あなたがこの状況にうまく対処していくことを可能にするものです。これが、あなたが解決不可能と思えるような状況に直面したときには、常に従うべき原則です。つまり、解決不可能な状況というのは、たとえば、あなたが「誰も傷つけたくはない」という動機において真摯であるけれども、同時に自分がやらなければならないことをやりたいと思っていて、それをどのようにして行なえばいいのかわからないというような状況に遭遇したときです。そういう状況で、私たちが言うことのできる最も正直な言葉が、先程述べたような、聖霊に対する祈りの文句です。なぜなら、私たちは自分自身では、何をすべきか知らないからです。絶対に確信があると思っているときでもそうです。

けれども、私たちの中にそれを知っている誰かがいます。だから、私たちが向うべき相手は内なる聖霊です。それこそが、本当に、私たちの問題の答えなのです。そして、私たちのすべての問題の答えでもあります。

「怒り」についての考察

聖書の逸話―イエスの「怒り」

次に、「神殿におけるイエス」について少しお話ししたいと思います。私が怒りについて話をするときは、ほとんど毎回このことについての質問があります。特に、クリスチャンのグループに話をするときはそうです。神殿でイエスが激怒したという場面については、皆さんもご存知のことと思います。この場面で描かれていることは、おそらく実際に起こったことだろうと私は思っています。そうでなければ、四つの福音書（マタイ21:12、マルコ11:15、ルカ19:45、ヨハネ2:15）のすべてにこの話が出てくることはなかっただろうと思うからです。ちなみに、みんなが同じことを言っているかどうかということは、何かが実際に起こったかどうかを見極めるための一つの基準となります。さて、福音書のうち、マタイ、マルコ、ルカの三つは同じ種類のものと見なすことができます。そしてもう一つはヨハネの福音書ですが、これは、他の三つとは際立って異なります。ですから、同じことがこれらの四つの福音書全部に記載されているなら、それは実際に起こったという可能性が非常に高いと言えます。必ずしも記述されている通りには起こらなかったかもしれませんが、たぶんそういったことが起こっただろうと考えられます。

この場面は、マタイとマルコとルカの福音書では、イエスの生涯の終わり頃のことということになっています。つまり彼が捕らえられる少し前ということです。ヨハネの福音書では、イエスが宣教を始めた直後の頃に出てきます。この場面で、イエスはエルサレムの神殿にいます。これはユダヤ教では最も神聖な場所です。人々はありとあらゆることを理由にしてお金を取り立てています。事実上、彼らは私腹を肥やすためにこの神殿を利用しているわけです。そしてイエスは彼らに、あなたがたは私の父の家を盗賊の巣にしてしまった、と言います。ここでイエスは、旧約聖書のエレミヤ書からの言葉（7:11）を引用しています。そして彼は、両替人の台をひっくり返して、神殿から彼らを追い出してしまいます。ところで、福音書のどこにも、イエスが怒っているとは書かれてありません。ただ、怒りと言えるような状態にいるイエスを描写しているだけです。これが、人々が「義憤」と呼ぶものを正当化するために利用している出来事です。彼らは、イエスだって怒ったのだから、自分が怒っていけないはずはない、と言います。おもしろいことに、こういう人々は、福音書の中でイエスが怒りについてどう感じているかを非常に明確にしている他のすべての箇所をすっかり忘れています。怒りに関するイエスの考えについては、山上の垂訓を読めばすぐわかります。律法には殺してはならないと書いてあるが、イエスは怒ることさえしてはならないと言ったのです（マタイ5:21-22）。これはかなり明確な言葉であって、イエスが人生の最後に見せた態度そのものを描写していると言えます。彼には、怒ってもおかしくない正当な理由が、他の誰よりもあるように見えました。それでも、イエスは全く怒りませんでした。

人々が一つの出来事だけを取り上げて、他のすべては忘れてしまうというこうした状況は、非常におかしなことだと思います。それはともかく、私はこの場面については、三通りの解釈が可能だと思っています。一つは、それが書かれた通りには起こらなかった、というものです。これは言い逃れのように聞こえるかもしれませんが、現代の聖書学によれば、イエスが言ったとされている怒りの言葉の多くは、彼の発言ではなく、初期の教会がその立場を正当化しようとしてイエスの発言ということにした、ということを示す十分な証拠があります。イエスは、平和をもたらすためでなく剣をもたらすためにきた（マタイ10:34）と言ったとされています。ちなみに、この言葉は『講座《コース》』の中で再解釈されています（T-6.I.15:2）〔訳注17〕。『ジェローム聖書解説』という、非常に権威あるカトリックの学術的書籍があるのですが、その中に、どのようにして平和の君であるはずの人物がこんなことを言えるだろうという問いかけがあります。その解説書の結論は、それが初期のキリスト教会からきたもので、イエス自身からのものではない、ということです。ですから一つの明確な可能性としては、イエスは福音書に記されているような形では、このようなことを行なわなかったということになります。

けれども、以上のことはとりあえず脇において、彼が確かに描写されている通りの行動をとったと仮定した場合、私ならそれを次のように理解したいと思います。つまり、良い教師なら誰もがそうであるように、イエスは、自分が教えたいことを最も効果的に伝えるやり方を心得ていたと考えられます。これは非常にドラマチックな場面です。ユダヤ教の三大祝日の一つである過ぎ越しの祭りのためにそこに集まっていた、エルサレム中の人々の目に留まります。過ぎ越しの祭りには誰もがエルサレムの神殿に行くことになっているのです。それはその祭りの直前のことでしたから、神殿は人々でごったがえしていました。そこはユダヤ人にとっては地上で一番神聖な場所です。そして、イエスはここで、彼の父の神殿がどのように取り扱われるべきかを、明確に示すことを選択したのだろう、というのが私の解釈です。ですから、この出来事の一つの見方としては、彼は個人的には怒っていなかったが、最もドラマチックで説得力のあるやり方で、彼の意見をはっきりと伝えようとしていた、ということになります。

怒りについて語ろうとすると、怒りには三つの主要な特徴があることがわかります。一つ目は、怒っている人は平安ではない、というものです。人々は、自分が怒っているその瞬間に、自分が心安らかであるとは主張しません。怒りがあるところに平安はあり得ませんし、平安があるところに怒りはあり得ません。二つ目は、怒っているときには、あなたは神のことなど全く忘れている、というものです。神のことなど考えずに、ただ、自分があの嫌な人からされたことしか考えていません。三つ目の特徴は、あなたが怒っている相手に関連することです。あなたはその瞬間、その人を全く自分の兄弟姉妹とは見ていません。当然、その人を自分の敵と見ています。そうでなければ、あなたが攻撃しているはずはないからです。

さて、私個人に関して言えば、イエスの人生のあの時点で、この世界の何かが彼の平安を奪い去り、彼に父なる神のことを忘れさせ、この世界にいる人々の誰であれ兄弟姉妹ではないと見ることができたと信じることは、非常に難しいと思っています。ですから、私が考えるに、イエスはあの神殿の中で、私たちが普段、怒っているときと同じように怒っていたのではなかったと思います。そうではなく、ただ、人々が彼の伝えようとしていることをよく理解できるように、非常に印象的な表現をして、一つの教訓を与えていたのだと私は考えます。福音書の中には、イエスが大勢の人々に対して教えるときのやり方と、彼が最も親しくしていた使徒たちであるヨハネ、ヤコブ、ペトロに教えるときのやり方とは全く違っていたということをはっきりと示す、たくさんの事例があります。教師なら誰でも知っている通り、教えることにもいくつものレベルがあります。神殿は、イエスが大勢の人々の注意を喚起して自分の意見をはっきりと伝えようとしていた公共の場だったのです。ですから、彼は自分が追い出した人々に対して、個人的には怒っていなかった、ということです。

さて、さらに三つめの解釈があります。それは、イエスが突発的に自我に引きずられたということです。つまり、彼はただうんざりして、我慢できなくなり、怒り出し、怒鳴り散らしたということになります。私個人としては、イエスの人生のこの時点でそういうことが起こり得たとはとても信じられません。しかし、もしそれが実際に起こったことだと主張するとしても、依然として、問うべきことは、なぜ私たちは、イエスの中のキリストや、彼が教えたり、言ったり、手本を示したりした他のすべての事柄ではなく、よりによって彼の自我と一体感を持ちたいのだろうか、ということです。

要約すると、三つの解釈は次の通りです。（1）描写されているようなことは全く起こらなかった、（2）ただ違ったレベルで教えようとしていただけで、怒ってはいなかった、（3）彼は突発的に自我に引きずられた。ただし、この三番目を選ぶ場合は、他にもっといい解釈のしかたがあるというのに、なぜ自分はわざわざこの解釈に同感したがるのかと、問う必要があると思われます。

質問：　怒りは、精神療法の中で、治癒力のあるものとしてよく使われるようですが、それはなぜなのですか？　たとえば、怒りを発散させるなどといったことです。

回答：　精神療法の大部分は自我に属するものです。二十年～三十年前の心理学が怒りを発見して、それを偶像としてしまったのは残念なことです。

心理学が捉えた「怒り」の変遷

怒りについて少しお話しましょう。怒りは、この世界で最も大きな問題の一つです。小冊子『精神療法』〔原注4〕は、精神療法が扱う問題というのは本当は怒りの問題であると述べています。その理由というのは、怒りとは罪悪感に対する顕著な防衛であるからです。怒りは私たちの注意を自分の外に釘付けにします。

今世紀における怒りの歴史、とりわけ、心理学者たちが捉えた怒りというものの変遷に照らして、怒りについて考えてみるのはおもしろいことです。それによって、現在、人々が怒りというものをどのように見ているかということの背景がよくわかります。二十世紀の最初の約五十年間は、心理学はフロイトと精神分析によって支配されていました。フロイトの著作を読んだり、彼の残した影響について検討したりするときには、彼の仕事はすべてヴィクトリア朝という時代環境において為されたという点を思い出すことが常に役に立ちます。二十世紀初頭のウィーンはヴィクトリア朝の価値観にかなり影響されていて、フロイトは実際、時代の寵児だったわけです。ということはつまり、彼には明らかに偏りがあり、彼は感情というものも、感情を表現することも恐れていた、ということです。面白いことには、彼の理論全体が、私たちを抑圧から解放するために意図されたものだったにもかかわらず、彼が個人的に抱いていた見解で、彼の理論の中にも表れたのは、「私たちは感情を表現すべきではない」というものでした。私たちは感情を分析しても、昇華しても、置き換えてもいいけれども、表現してはいけない、というわけです。ここでは、感情の一つとしての怒りに焦点を当てて、考えて見ましょう。

当時、心理学と精神療法において支配的だったのは、人々に教えるべきことは、自分の感情を分析したり、昇華したり、他のものに置き換えたりすることであるという心情でした。ただし、感情を表現することだけはしてはいけなかったのです。もちろん、これはキリスト教の価値観の中でも顕著なものの一つでした。「真の」キリスト教徒は、右の頬を打たれたなら左の頬を差し出すことになっていたわけです。ということは、私たちは二回平手打ちをくらうことになる、というふうにこの教えが教えられ、理解されてきたということです。（ちなみに、イエスはそのように教えたのではありませんでした。つまり、イエスの名において苦しむ被害者になるべきだということではありませんでした。）こうしたことのすべてが、怒りとは恐れるべきものだという概念の中で強化されました。それは押し込めたり、抑圧されるべき忌まわしいものと見なされました。ところが第二次世界大戦の後に、心理学で革命が起こりました。突如として、人々は自分に感情があることを発見したのです。そして現れたのが、Tグループ（トレーニンググループ）、感受性グループ、感受性トレーニング、出会いグループ、マラソン・グループなどといった、新しい動向でした。したがって、人々は、怒りに対する防衛を突破し、自分のすべての情緒や感情を経験することがうまくなりました。とりわけ、怒りを経験することが上手になりました。

そして振り子は一方の端からもう一方の端へと大きく揺れました。人々はもはや怒りを抑圧して、それを分析せよとは教えられず、代わりに、感情を吐き出すことが精神衛生上の原則となりました。そして人々は自分の感情を表現することが非常にうまくなったのです。こうして、二つの基本的な選択肢が確立されました。一つは怒りを抑圧すること、もう一つはそれを表現することです。もし私たちが怒りを抑圧し続けるなら、胃潰瘍になって、胃腸病を患うことになります。一方、もし私たちが常に怒りを表現してばかりいるなら、前にお話しした通りのことが起こります。つまり、怒りの根底にある罪悪感そのものを強化することになります。ですから、そこには全く出口がなさそうです。

この問題を理解する鍵となるのは、これら二つの選択肢の根底にある前提に目を向けることなのですが、そこでおもしろいことは、そのどちらも同じ前提だという点です。一つは抑圧で、もう一つは表現ということで、解決法はまったく異なるもののように見えます。けれども、前提は同じです。それは同じコインの表と裏です。その前提とは、怒りは人類がもって生まれた、基本的な人間の感情であるというものです。したがって、怒りについて論じられるとき、怒りはあたかも定量化できるエネルギーの塊《かたまり》であるかのように描写されます。つまり、私たちの中には私たちを人間として特徴付ける何かがもともと備わっていて、それには怒りが含まれていて、私たちはそれについて何とかしなければならない、ということです。もしもこのエネルギーの塊を奥に押し込めて、内側に隠し持っているなら、それは私たちの内側で爆発して、私たちは潰瘍を患います。もう一方の選択肢を採れば、私たちはこの一定量のエネルギーを自分の外、自分の体の外に投げ出すことができることになり、そうすると、この怒りという恐ろしい重荷を外に出すこと自体が、実に気持ちよく感じられることのように思えます。けれども怒りを表現したときにそのようにいい気持になる真の理由は、怒りを外に出すということ自体とは全く関係がありません。そうではなく、怒りを表現することによって、私たちが遂にこの罪悪感という重荷を一掃することができたと初めて信じることができるように思える、ということが起こっているからなのです。

ということであれば、人間の基本的感情は、怒りではありません。罪悪感です。それが怒りであると思われていることこそが、怒りというものを検討するにあたって世界が採用しているアプローチ全体の根底にある誤謬です。『講座《コース》』の中に、「二つの感情」(T-13. V) という素晴らしいセクションがあり、そこでは、私たちが感じる感情は二つだけだと述べられています。一方は私たちに授けられているものであり、他方は私たちが作り出したものです。私たちに授けられているのは愛です。これは神から授かりました。そして私たちが愛の代替としてつくり出した感情は、恐れです。恐れは、罪悪感と言い換えても差し支えありません。

人間の基本的感情、すなわち自我の基本的感情ですが、それは恐れ、または罪悪感です。怒りではありません。怒りは罪悪感が投影されたものであり、それ自体は決して問題ではありません。真の問題は常に、その根底にある罪悪感です。私たちが自分の怒りを誰かにぶちまけたときに実にいい気分になる理由は、その瞬間に、私たちはとうとう自分の罪悪感を一掃することができたと信じるからです。問題が生じるのは、翌朝、または数日後の朝、目を覚ましたとたんに嫌な気分を味わう時です。そして、「憂鬱」として知られる心理学的後遺症を私たちは経験することになるわけです。私たちにはその憂鬱感がどこからきているのかわかりません。だから、ありとあらゆるもののせいにします。自分の憂鬱感の真の理由が、自分が他の人に対して行なったことのゆえに感じている罪悪感であるということには思い当たりません。怒ったり、攻撃したりすると、私たちはいつでも後になって後悔します。人々は憂鬱感を、「表現されていない激怒」として語ることがあります。あるレベルではそれは真実ですが、激怒の底には罪悪感があります。憂鬱感が真に意味しているのは、罪悪感または自己嫌悪です。

さて、ここまでは怒りについてこうした嫌なことばかりお話してきましたが、怒りの表現が肯定的な意味をもつ場合が一つだけあります。そして、それが先ほどの質問の内容に関連することです。これは、治療的観点から怒りを見つめる、ということと関連しています。もし私たちが生まれてからずっと、「怒りは悪いことである」と教えられてきたなら──そしてこの部屋にいてこれを聞いている皆さん全員にとってもこれは思い当たることだろうと思いますが──その場合、私たちは実際には、怒りは恐ろしいものだ、と教えられてきたことになります。もし私たちが怒りを表現するなら、相手の人に何か恐ろしいことが起こる、あるいはもっと悪くすると、私たち自身に何か恐ろしいことが起こると、私たちは信じています。そうした場合は、怒りと罪悪感から完全に自由になるためのプロセスの一環として、一定の期間、怒りを表現し、それがたいしたことではないという体験をすることは、治療という観点から非常に助けになることです。私たちが人々に対して怒っても、彼らは突然私たちの足元に倒れて死んだりはしません。私たちが誰かに対して怒っても、私たちが行なったひどいことのゆえに、神が天罰を下して私たちを死なせるようなことはありません。事実上、全く何も恐ろしいことは起こりません。それは、たいしたことではないのです。このように理解できるようになった時点で、私たちは怒りをもっと客観的に見ることができるようになり、問題は怒り自体ではないということを認識します。真の問題は、自分の罪悪感のゆえに自分自身に向けている怒りなのです。

ここで危険なことは、これが一時的なステップであることを見逃してしまうことです。最近の心理学の学説のせいで、私たちはこのこと自体を目標としてしまいます。そうすると何が起こるかといえば、怒りが偶像として崇拝されてしまうのです。というのも、他人に対して思いっきり怒りをぶつけることは、実に気持ちがいいからです。心理学は、決して、「真の問題は罪悪感であり、罪悪感は神に対する防衛である」といったことを、私たちに教えてはくれません。（なぜなら、心理学というのは、実際、非常に世俗的なシステムだからです。）そうなると、怒りの表現そのものが目的となってしまい、それが実にいい気持ちにさせてくれるので私たちはそれを手放したくなくなります。けれども、私たちの目的は、怒りの根底にある罪悪感に触れて、それに対処することです。怒りを完全に超えていく過程の一段階としてのみ、私たちは怒りを表現することが必要なのです。ですから、怒ることが必要だと感じられる時期を私たちが通過するなら、私たちはそれを過渡期と見なして、そうした怒りはたいしたことではないと捉えるべきなのです。そうすればその後、私たちは真の問題に迫ることができます。つまり、罪悪感です。私たちが実際に罪悪感に対処してそれを手放すなら、私たちはその後は二度と怒る必要はなくなります。

質問：　クリシュナムルティ氏の講話を聞いていて私がなるほどと思ったのが、変化は直ちに起こり得るという可能性を示唆していた点なのですが・・・。

回答：　『奇跡講座』も同じことを言っています。このすべてが一瞬のうちに終わると言います。けれども、他のところでは、これは長い時間がかかることであり、辛抱強くあらねばならない、とも言っています。「テキスト」の最初には、たくさんの人々を苛立たせたに違いないひとくだりがあります。それは、最後の審判、すなわち、集合的な自我の取り消し、言い換えると〈贖罪〉の完了について語っている部分です。「分離が数百万年にわたって起こったのと同様に、最後の審判も同様に長い期間、あるいはおそらくそれよりも長い期間にわたるものとなるだろう」（T-2. VIII.2:5）と言っています。

けれども、そのすぐ後で、それにかかる時間は奇跡によって大幅に短縮できるとも言っています。しかし本当に、これは一朝一夕に起こるようなことではありません。この世界がどのように構成されているかをちょっと考えてみれば、世界のすべての側面の根底にあってそれを動機付けているのは、途方もない量の恐れであることがわかるはずです。この世界の中では、どの制度でも、どの思考体系でも、恐れと罪悪感で動機付けられています。それを今すぐ変えるということは到底できません。私の考えでは、そういう中で、〈贖罪〉の計画および『講座《コース》』がその計画の中で担っている役割は、このコースがなかった場合に比べてずっと速やかに個人の心を変えることだと思います。それが「天上界の計画の迅速化」と言われるもの〔原注5〕ですが、これも依然として、かなり長い時間という枠組みの中で起こることです。

B. 奇跡の意味

奇跡について何か話すべきですね。それがこの本の題名なのですから。このコースにおいては、いくつもの単語が普通とは違った意味で使われていますが、「奇跡」もその一つです。『講座《コース》』は、「奇跡」という言葉を単に「訂正」という意味で使っています。つまり、偽りの知覚を取り消すという意味です。それは知覚における変化であり、赦しであり、また、癒しの手段でもあります。これらの言葉は、概してどれも同じことを意味しています。これは外的なこととは全く関係ありません。外的な事柄を意味して用いられるいわゆる奇跡、たとえば、水の上を歩くとか、病気を癒すといったことは、内なる奇跡の単なる反映にすぎません。奇跡とは内なる変化です。『講座《コース》』の中でも特に美しい文言の一つが、奇跡のことを次のように定義しています。「地上におけるもっとも神聖な場所は、往古の憎しみが現在の愛となった場所である」（T-26.IX.6:1）これが奇跡です。誰かに対する憎しみという知覚から、その人を愛をもって見る見方へと突然、移行すること、これが奇跡です。それは知覚の転換であり、自我による見方を聖霊の見方へと訂正することです。

　だからこそ、このコースは奇跡について教えるコースなのです。つまり、以上のことをどのようにして行なうのかを、私たちに教えてくれます。どのようにして私たちの心を変えるのかについて語っています。すでに述べた通り、私たちは世界を変えるのではなく、世界についての自分の心を変えるのです。他人を変えようとするのではなく、自分がその人を見ている見方を変えるのです。その後は、聖霊が私たちを通して働いてくれて、聖霊から見て最善と思われることを行なってくれます。それは、知覚の転換を伴う、心の中における変化です。そうした心の変化が奇跡であり、それがこのコースのゴールです。

宗教的側面

さて、このゴールの達成のために神および聖霊が果たす役割について、少しお話ししましょう。『奇跡講座』の重要な特徴の一つは、それが宗教的な本であるという点です。単なる独習書ではありませんし、単なる堅実な心理学的体系でもありません。もちろん、そのどちらでもあるわけですが、それだけではなく、非常に深い宗教性のある本です。その宗教的側面は、二つの見解を主軸としています。

第一は、神なくしては、私たちには自我以外の何も残っていない、という見解です。

私たちが、自分を創造してくれた神が存在し、自分は神の子であるということを知らない限り、私たちの自分像はいつまでたっても、自分が自分自身について抱くイメージや知覚以外のものにはなり得ず、それは、自我から派生してくるものばかりです。真の赦しが可能となるためには、まず最初に、私たちが「自分は決して傷つくことのない存在だ」という信念を持ったうえで、その中で赦しが培《つちか》われていかなければなりません。つまり、それは、私たちはこの世界の中の誰によっても何によっても危害を加えられることはあり得ないという信念ですが、そのような信念を持つことは、少なくとも、自分を創造してくれて、自分を愛してくれている神が存在するということを私たちが知っていない限り、不可能です。ですから、これが、聖霊が『講座《コース》』を通して私たちに差し出してくれている思考体系全体のための、基盤となるものです。

神の重要性に関連した第二の見解は、もう少し現実的なものです。それは、真の赦しは聖霊がいなければ不可能だという見解です。これは二つの観点から考えて真実だと言えます。

その一つ目は、赦すことも、罪悪感を取り消すことも、私たち自身が行なうことではない、という点です。厳密に言えば、このコースが「赦し」ということを言うときに、真に意味していることは、聖霊の赦しが私たちを通して為されるままにしようという、私たちの決断のことなのです。私たちは自分自身だけでは、絶対に赦すことはできません。なぜなら、少なくともこの世界においては、私たちだけで存在するなら、私たちは自我に他ならないからです。一つの思考体系をその内側から変えることはできません。その思考体系の外側からの助けが必要です。その思考体系の中に入ってきて、それを変容させる助けです。自我の思考体系の外からくるそうした助けが、聖霊です。ですから、聖霊が、私たちを通して赦しを行う主体です。

二つ目は更に重要な観点で、人々がこれまで尋ねてきたいくつもの質問に対し答えを与えるものです。それは、赦すことはこの世界において最も難しいことだ、という点です。だからこそ、ほとんど誰もそれを実践していないのです。そしてまた、だからこそ、イエスが教えた赦しの概念全体が、彼がそれを教えた当時から、甚だしく誤解されたのです。その理由は、私たちが『講座《コース》』が教えているような意味で真に赦すとき、私たちは本当に自分自身の罪悪感を手放すことになるからです。そして自我と一体感をもっている者は、誰もそんなことをしたいとは思いません。神の助けがなければ、私たちの前に立ち現れる罪悪感にまつわる根深い問題を通り抜けていくことな

図２　時間のカーペット

神	実相世界	自我―罪悪感―→
		世界―肉体―形態―時間
キリスト		←―聖霊―赦し

ど、とてもできません。

時間のカーペット

　時間を一つの連続体と考えるなら、カーペットのイメージが、このプロセスを描写するのに、非常に役立ちます。

　分離が起こったとき、この巻物のような時間のカーペットがくるくると広げられて、それ以来、私たちはこのカーペットの上を、神から離れる方向へと歩いてきました。神から遠く離れていくにつれ、私たちはますます深く、この世界、および罪悪感と罪の問題に巻き込まれるようになりました。聖霊に助けを求めるとき、私たちはこのプロセスを逆転させ、神に向って歩き始めます。『講座《コース》』の中でも特におもしろいセクションのいくつかが、時間について語っている部分です。私たちは依然として時間の中に閉じ込められているので、こうした箇所を理解するのは非常にむずかしく思えます。その一つは、時間は前進するかに見えるが、実際には時間が始まった時点に向って逆行している（T-2.II. 6:, M-2.3; 4:1-2）と述べています。「時間が始まった時点」というのが、分離が起こった時点です。〈贖罪〉が目的としているのが、聖霊による自我の取り消しの計画です。そして、その計画はこの時間のカーペットを巻き取らせていきます。自我は私たちに更に長々とカーペットを広げていくように仕向けますが、聖霊は私たちがそれを始まりの地点まで巻き取っていくように導きます。

そして私たちがそれを巻き戻していくにつれて―つまり、それが赦しと奇跡が行うことですが―私たちは自我の思考体系の要塞そのものに近づいていきます。カーペットが広がり始める時点が、自我が誕生した時点であり、そこが罪と罪悪感の拠点です。そしてこれが、自我の思考体系の最も深いところをなす部分です。前に使った氷山のイメージで言うなら、氷山の底にあたるのが、私たちの誰もが感じている最も手強い罪悪感です。

私たちは自分が一生かけて（あるいは数多くの人生をかけて）逃がれようとしてきた罪悪感と恐れにだんだん近づくにつれ、本当にパニック状態に陥ります。この罪悪感は、この世界において最も衝撃的で、私たちを震え上がらせるようなものです。だからこそ、このプロセスは時間をかけてゆっくり取り組むべきものであり、そこを進んで行くときは忍耐強くあることが必要なのです。進み方が早すぎれば、いずれ私たちを襲うことになる罪悪感からの猛攻撃に対し、私たちは準備を整えることができません。「テキスト」第一章の最後の二つの段落（T-1.VII.4-5）〔訳注18〕には、最初の四章を含むすべての教材をゆっくりと慎重に学んでいく必要があると書かれています。そのようにしない限り、後に続くものに対して私たちは準備ができません。そして私たちはそれを恐れることになります。その時、人々はこの本を投げ出してしまうのです。

私たちは『講座《コース》』自体を通読するときはもちろんのこと、自分自身の中でこの教材を実践していくときには、ゆっくり行なわなければなりません。なぜなら、そうでなければ、私たちの恐れが、私たちの手に負えないところまで掻き立てられてしまうからです。そうして、自我の思考体系の要塞に近づくにつれ、私たちはそこに埋《うず》められている罪悪感をますます恐れるようになります。私たちは、自分と共に歩み、手を取ってくれる存在、自分以外の誰かで、自分を愛してくれている存在がいると知っていなければ、そのステップを踏みだすことはできません。

『講座《コース》』は、自分の罪悪感を取り消すというこのプロセスの目標は、この世界という夢から完全に覚めることではなく、「実相世界」、換言すれば「幸せな夢」の中で生きることだと教えています。したがって、カーペットが巻き戻されていくにつれて、私たちはいつか、もはや投影できる罪悪感がなくなり、したがって、外界で何が起こっていようともいつも心安らかでいられるという状態に到達します。この心の状態が「実相世界」であり、それは『講座《コース》』の道が穏やかな道であることを反映する一つの概念です。「テキスト」が言っている通り、「**神**は、彼が穏やかに、喜びをもって目覚めることを意志した〔訳注19〕。そして恐れをもたずに目覚める手段を彼に与えた」(T-27.VII.13-5)のです。

「自我を超えた存在」の必要性

私が頻繁に受ける質問の一つに、「神を信じない人々に、どのようにして赦しについて語るのか」というものがあります。ちょうど今週、私の母がボランティアとして働いている老人ホームで、高齢者を対象に話をする機会がありました。これはユダヤ人組織ですが、そこにいる人々のほとんどが、私たちが普通に考えるような意味で「宗教的」な人々ではありませんでした。私はそこで、いつものように、赦しについて話しました。それはおもしろいけれども、なかなか難しい課題でした。私はなるべく神を話の中に持ち込まないように務めました。というのは、そうしたなら、ほとんどの人々がますます関心を失うことになってしまうと思ったからです。けれども、神を持ち出すことなく赦しについて語るのは非常に難しいことです。神なしでは、真の赦しは実行不可能だからです。

赦しのプロセスの初めの数段階は、誰にでもできることです。なぜなら、人々を異なった見方で見るように教わることなら、私たちはいつでもできるからです。けれども、自分の人生における本当に難しい問題に遭遇すると――そして究極には、こうした問題とは赦しの問題なのですが――私たちは、自分を愛してくれる存在が自分と共にいると知ることが必要になります。その存在は、私たち自身ではありません。それは聖霊、またはイエス、あるいは、私たちが選択するどのような名前でもかまいませんが、とにかく私たち自身以外の誰かです。その誰かの助けがなければ、私たちはあまりに恐ろしくなって、その道を先に進むことができません。私たちが行こうとするのは、その途中までということになります。ですから聖霊は私たちの導き手であると同時に教師でもあり、また慰め手でもあるのです。「ワークブック」の最後で、イエスは次のように言います。「・・・安心していなさい。私も決してあなたを慰めもなく放っておくことはしない。」（W-pII.ep.6:8）と。彼がこの言葉を文字通りの意味で言っていることを私たちが知らない限り、つまり、私たちの中に、私たちではない存在がいて、私たちを愛し、慰めてくれると知らない限り、自分自身の罪悪感に対処しなければならないときに、自我の思考体系の要塞を越えて進むことはできません。そして、これは常に、他人を赦すという枠組みの中で為されます。イエスにしても聖霊にしても、私たちがどんな名前で彼らを呼ぶかは気にかけません。けれども、彼らが気にかけていることがあります。それは、神からきた誰かが私たちと共にいて、私たちの手を取って導いて行ってくれていることを私たちが認識するようになることです。その慰めと安堵感がなければ、私たちは絶対に自我を超えていくことはできません。だからこそ、状況がどんどん悪化しているように見えているときに、本当は良くなりつつあるということがあるのです。

自我の抵抗の激しさ

「テキスト」第九章の中に、これに関して非常に役立つ二つのセクションがあります。「二つの評価」（T-9.VII）と「壮大さと尊大さ」（T-9.VIII）です。これらの箇所は、私たちが聖霊に従っているまさにそのときに、自我は私たちを攻撃し、凶暴になってくるという現象を明確に描写しています。思い出していただきたいことは、自我にとっては罪悪感を抱いていない者は有罪だという点です。私たちが自我を裏切って、罪悪感の代わりに無罪性を選び始めると、自我は私たちが自我を裏切りつつあることを、実にはっきりと私たちに教えようとします。だから、『講座《コース》』は、自我の感情は猜疑心から凶暴性に至るまでの範囲を網羅していると言っているのです（T-9.VII.4:7）。私たちが本気で聖霊に従って行こうとし始めると、自我は徹底的に凶暴になります。これが、状況が悪化し始めるように見える時期です。

私は今、これを抽象的な原則として話していますが、実際にそこを通過することは、抽象的とは程遠いものです。それは私たちが経験することの中で、最も衝撃的で、強烈で、苦痛な経験となることがあり得ます。繰り返しますが、真理と愛を代弁する存在、自分を違った見方で見ていてくれる存在が共にいてくれるということを、私たちが知らなければ、私たちはこの時期を通過することは決してできません。私たちはただこの本を放り出して、ベッドの下にもぐりこみ、二度と出てこないでしょう。あるいは、この本の教えとは反対の方向に逃げていくでしょう。だからこそ、このプロセスはゆっくりと進められなければならず、それゆえに、私たちは慎重に導かれているのです。私たち一人一人の〈贖罪〉の計画は非常に周到に用意されています。だから、その完了までにかかる時間は人によって異なるのです。

個人に即したカリキュラム

『奇跡講座』は、〈贖罪〉のカリキュラムが個人に即したものとなっていると説明しています（M-29.2:6）〔訳注20〕。それはどういう意味かと言うと、分離という私たちの共有の誤まりが個人としての私たちにおいて顕現されている具体的な形のすべてを、聖霊が私たちのために訂正してくれる、という意味です。このカリキュラムを計画するのは私たち自身ではありません。本当のところ、私たちはこの計画が何であるかさえも理解していないのです。そして明らかに、私たちが自分で自分にその中を通過させるわけでもありません。ですから、私たちは自分自身を神と混同しないようにすることが重要です。なぜなら、神をそのように誤解していると、道が困難になったときに、頼りにできる相手がいなくなるからです。

『講座《コース》』が、聖霊は常に、私たちを助けるためにこの世界の中にいる人々を「送って」くれると言っているのは確かですが、こうした人々が「送られて」くる究極の目的は、私たちを最もよく助けることのできる存在は私たちの中にいるということを、私たちが知ることができるように導くことです。私たちが困難な状況を通過するとき、私たちの手を握っていてくれる人々がいることは、ありがたいことです。けれども、慰めの究極の源は、常に内側からくるものです。なぜなら、神が答えを置いた場所は私たちの中だからです。ここで再び、これは時間のかかるプロセスであることを強調しておくべきでしょう。もしあまりに速く進もうとするなら、私たちが自分自身や神に対する自信を十分に培《つちか》う以前に、恐れが圧倒的なものとなってしまいます。自分自身に対する自信というのは、本当に、聖霊がそこにいて、このプロセスの最後まで助けてくれると知っているということです。私たちが進歩して行き、毎日の学びのすべてを実践していくにつれ、起こっている奇跡や変化のすべては、自分自身が行なっているものではないということを私たちは認識し始めます。私たちがこのプロセスを進むのを助けてくれている存在が、確かにいるのです。

内なる教師

『講座《コース》』が非常に明確に教えていることの一つに、イエスか聖霊のどちらかと個人的な関わりを育てていくことの重要性ということがあります。機能という観点から言えば、イエスでも聖霊でも、どちらを選択しても同じです。どちらも、私たちにとっての内なる教師として機能します。『講座《コース》』はこのような意味で、イエスと聖霊を交互に用いています。このコースが私たちの内なる教師との個人的な関わりの必要性を強調するとき、聖霊を抽象的な存在として語ることはしません。「彼」という代名詞を使い、一つの人格として扱っています。また、しばしば聖霊のことを、私たちに対する神の愛の表現としても語っています。イエスが自分自身の役割について語っているときにもこれと同じことが言えます。ですから、『講座《コース》』は、私たちに、自分の内に誰かがいるという感覚を育てさせようとしています。抽象的な影響力のようなものではなく、私たちを愛し、助けてくれる本物の人間のような存在です。もし私たちをこのように安心させてくれるものがなかったなら、私たちはゴールのずっと手前で止まってしまいます。なぜなら、恐れがあまりにも圧倒的だからです。もしあなたがまだ聖霊とのこうした個人的な関わりを経験していなくても、うろたえないでください。ただ忍耐強く待っていれば、そのうち聖霊の方から現れてくれます。あなたの方では、あなたを助けてくれている誰かがいると知ることだけで十分です。それを実際に感じているか、ただ知的レベルの認識であるかに関わりなく、とにかくそういうものだと思っていればいいのです。聖霊は、あなたが受け入れることができるどんな形ででも、自らをあなたに現してくれます。その形そのものは重要ではありません。けれども、重要なのは、あなた自身からのものではない誰かがあなたと共にいるという自覚です。その存在はあなたの中にいますが、あなたからのものではありません。彼は、あなたの自我としての自己以外のあなたの一部からくるものです。

質問：　私たちには選択の自由があります。自分に用意ができていると感じるなら、時間の進み具合を速めることを選択することはできないのでしょうか？

回答：　もちろん、できます。それが、奇跡が行なうことです。

質問：　それは一回の人生の中においてのことですね。だとすれば、なぜ私たちは数百万年単位で考えなければならないのですか？

回答：　何百万年もかかるというのは、神の子全体の〈贖罪〉について言っているときのことです。〈最後の審判〉が、私たちが知っている物理的宇宙の終焉ということになります。けれども、一人の個人が時間を大幅に短縮することは可能です。

ですから、もう一度言いますと、順調に進んでいたところで、私たちをがんがん打ちのめすような何かが実際に始まったなら、それは確かな印《しるし》だと思っていいでしょう。自我が怯え始めたということです。そうなると自我は、私たちがそれまで聞いていた内なる声を、私たちに疑わせようとします。私たちが『講座《コース》』を疑うように仕向け、私たちに役立っていたそれまでの学びのすべてを、疑わせようとします。ですから、それをわざわざ引き起こそうとすべきではありませんが、そうしたことが起こる場合もあるという心積もりをしておくといいでしょう。そういう心積もりをしていれば、自我の攻撃が実際に起こったときには、あなたはその正体を見抜くことができます。そして、自我をありのままに認識できることは、非常に助けになります。繰り返しますが、自我の攻撃は、私たちが自我を超えられるようになってきたと思うまさにその時に起こります。ですから、困難な状況が生じてきたときには、このことを覚えておいてください。この教えのすべてがインチキだということにはなりません。ただ私たちが恐れを抱いたというだけのことです。ということはつまり、自我が恐れを抱いた、ということです。その時点で、私たちは一歩退いて、イエスの手を取り、自分の恐れを正視するのを助けてほしいと求めることが必要です。私たちがイエスの手を取っているという事実が、私たちは自我そのものではないということを示しています。そうして、私たちは自我の攻撃を正視し、それが見かけ通りのものではないことに気がつきます。

「テキスト」の中に、「戦場を超えたところ」（T-23.IV.）という重要なセクションがありますが、その中でイエスは、私たちが戦場を超えた高みにまで自分を引き上げて、下の戦場で起こっていることを眺めるようにと私たちに促しています。この視座からなら、私たちはものごとを異なった見方で見るようになります。けれども、もし私たちが戦場の只中にとどまるなら、私たちが見るのは、たくさんの苦痛と殺戮と罪悪感だけです。もし私たちが自分の観点を高みに引き上げて、自我の戦場を見下ろすことができるなら、その時には、それを異なった見方で見るようになります。私たちにはそれが、単に、自我が飛んだり跳ねたりしているだけだとわかります。そして、そうしたことは何の違いも生み出さないということがわかります。しかしこのプロセスには時間がかかります。一晩で済んでしまうと思ってはいけません。けれども以上のことを知っていれば、それが実際に起こったときには、少なくとも私たちは、ただ自我が私たちを困らせようとしているだけだということを認識できます。これは実在することではありません。実在するのは、私たちを愛している神がいるということです。そして、その神は自らを代弁する存在、つまりイエスまたは聖霊を遣わして、その存在が私たちの手をとり、私たちが困難な時期を通り抜けることができるように導いてくれている、ということです。

質問：　これが、私が瞑想する時に起こっていることなのでしょうか？　瞑想中に、頭の中にはたくさん雑念があって、自分自身に向うことが全くできないという段階を通過するのですが、そういう時に起こっているのは、これなのでしょうか？　それが自我が戦っているということなのですか？

回答：　そうです。そしてあなたがやるべきことは、それをそのように認識したうえで、深刻にならないことです。それと格闘してはいけません。そのようなことをすれば、あなたはその問題を実在するものと見なしていることになります。『講座《コース》』の中には、私たちは自我を笑い飛ばすべきだと言っているところがいくつかあります。そのうちの一つは、私たちが世界だと思っているこの夢は、神の子が笑うことを忘れたときに始まった夢であると言っています（T-27.VIII. 6:2-3）。もし私たちがこの世界と自我を笑い飛ばすことができるなら、問題としての自我は消え去ります。私たちがしてしまう最悪のことは、問題と格闘することです。というのも、格闘することで、その問題は実在するように思えてくるからです。けれども、この笑い声はもちろん、嘲笑的な笑い声ではありません。また、分離という根本的な問題が人々の具体的な問題として表れている状況において、それらに対し無関心になることを奨励していると考えるべきではありません。

第四章原注

〔原注４〕『精神療法―その目的、方法、そして実践』（１９７６年 Foundation for Inner Peace : Mill Valley, CA より出版）

〔原注５〕 44ページの原注2を参照

第四章訳注

〔訳注14〕（T-5.IV.8:3-4）「私はあなたのすべての思いやりと、あなたが抱いたことのある愛のこもった想念を、一つ残らず保存してきた。それらがもつ光を覆い隠していた誤りからそれらを清め、あなたのためにその完璧な輝きの中で、それらを保ってきた。」

〔訳注15〕「内容」と「形態」という一対の概念は、『奇跡講座』に頻繁に登場する重要なテーマの一つ。「内容」とは、常に心の中のことを指し、「形態」とは、世界、肉体、行動など、知覚できるレベルを指す。したがって、この「罪の内容が同じ」というのは、自我としての私たちは誰でも、〈間違った心〉の中の「分離の罪」を共有しているということ。

〔訳注16〕（T-1.II.6:7）「奇跡は数千年をも要したかもしれない学びに代わるものとなる。」

〔訳注17〕（T-6.I.15:2）「使徒たちが罪悪感を感じていなかったとしたら、『平和ではなく、剣《つるぎ》を投げ込むためにきた』と私が語ったと、彼らが伝えることはありえなかった。」

〔訳注18〕（T-1.VII.4-5）「これは心を訓練するコースである。あらゆる学びは、注意力と何らかのレベルの勉学を必要とする。このコースの後半は初めの部分に深く根差しているため、初めの部分の注意深い学習を義務づけないわけにはいかない。また、あなたは準備のためにもそれが必要である。この準備なしでは、後に続く内容があなたにはあまりにも恐ろしく思えてきて、それを建設的に用いることができなくなるかもしれない。しかし初めの部分を学習していくうちに、後に詳しく述べられる内容を示唆する要点がいくつか見え始めるだろう。

・・・・（中略）・・・・このコースの後半のいくつかのステップは、**神ご自身**へ向う直接的なアプローチを伴う。こうした後半のステップを周到な準備なしで始めることは賢明ではない。そのようなことをすれば、畏怖の念が恐れと混同されて、その経験は至福よりも精神的外傷《トラウマ》をもたらすものとなってしまう。癒しとは、最終的には、**神**からのものである。その手段は丁寧にあなたに説明されていく。時には啓示があなたに到達地点を明かしてくれることがあるが、そこに到達するには手段が必要である。」

〔訳注19〕日本語では、普通は、英語のように「意志」を動詞として用いることはないが、『奇跡講座』の用語としての「will（意志）」には特別な意味があり、その動詞形も、単に「意図する」という意味とは異なるので、訳語には、敢えて、「意志する」という動詞を用いている。

〔訳注20〕（M-29.2:6）「カリキュラムは個人の必要に即したものとなっており、そのすべての側面が**聖霊**の特別な配慮と指導のもとにある。」

第五章　イエス―その生涯の目的

さて、ここで少し、イエスについてお話しします。というのも、これまで述べてきたような理由で、誰もがイエスに対して何らかの抵抗があるからです。キリスト教徒であろうと、ユダヤ教徒であろうと、この世界に生まれ育つ人々にとって、イエスについての考えは歪曲されたものとなります。だから、『奇跡講座』の中で、イエスは誤解を解こうとしているのです。彼が人々に望んでいるのは、彼のことを裁きや死や罪悪感や苦しみを象徴する兄と見たり、存在感の無い兄と見たりするのではなく、愛情深い兄と見てほしいということです。だからこそ、『講座《コース》』はこのような形でやってきたのであり、イエスがその作者であることがこんなにも明確にされているのです。まず最初に、イエスが自分自身と自分の人生の目的について、どのように描写しているか、お話しましょう。

因果律──原因と結果

『講座《コース》』の中で最も重要な概念の一つは、因果律、すなわち原因と結果の概念です。これは、赦しというものの全貌を把握するのに役立ちます。とりわけ、イエスの使命と、彼がそれをどのように成就したかについて知ろうとするときには助けになります。因果律というものの本質は、「一方が存在すれば必ず他方も存在する」というものです。何かが「原因」であると言えるのは、それが結果をもたらすからです。そして何かが「結果」であると言えるのは、それが原因から生じているからです。『講座《コース》』の中で私が気に入っている文の一つに、「原因が原因となるのはその結果による」(T-28.II.1:2)というのがあります。つまり、原因とは、結果をもたらすからこそ原因なのです。同様に、結果とは、それに原因があるからこそ結果なのです。これがこの世界の根本原理であり、天国の根本原理でもあります。

天国では神が第一原因であり、その結果が神の子です。ですから、神は、神の子を結果として生じさせた原因です。そして、神の結果としての私たちがいるから、神は創造主すなわち父となるのです。

この原理は、この世界においても、「すべての作用には反作用がある」という形で働いています。これは、逆に言えば、原因とならないものは、この世界に存在し得ない、という意味です。この世界の中にあるすべてのものごとは、必ず何らかの結果を生起させます。そうでなければ、それは存在しません。すべての作用は必ず反作用をもたらします。これが物理学の根本原理です。もし何かが存在していれば、それは別の何かに影響します。ですから、この世界に存在するすべては何らかの原因となり、何らかの結果をもたらします。そして、結果があるということが、原因が存在する証拠となります。

おわかりでしょうか？　この原理をしっかり頭にいれておくことは非常に重要です。というのは、そうしておけば、私たちはこれを抽象的な公式として用いて、ものごとをそれに当てはめて考えることができるからです。

聖書の原罪の物語を思い出してください。神がアダムとイブをつかまえて、彼らに罰を与える場面です。このとき神は、因果関係を表わす形で、この罰を表現しました。

「あなたがたが行なったことのゆえに、これからかくかくしかじかのことが起こるだろう。あなたがたは罪を犯したがゆえに、あなたがたの罪の結果は、生涯にわたる苦しみとなるだろう」という具合です。ですから、罪が、この世界のあらゆる苦しみの原因です。自我を誕生させた分離という罪は、その結果を生起させました。つまり、苦難や苦痛と、いずれは死に至る運命という結果です。

この世界の中で私たちが経験していることのすべては、罪を信じる私たちの信念が生み出した結果です。ですから、罪が原因で、苦痛や苦難、死がその結果です。聖パウロは、「罪の払う報酬は死である」（ローマ人への手紙 6:23）という優れた言葉を残しました。（これは『講座《コース》』の中でも引用されています。）（T-19.II.3:6）〔訳注21〕聖パウロも、全く同じことを言っていたのです。罪が原因で、死が結果である、と。分離した世界の実在性を証言するものとして、死よりも強力なものは他にありません。これが、『講座《コース》』の中の顕著なテーマの一つです。

ですから、死は、「罪が実在する」ということの究極の証拠になるわけです。死は罪の結果であり、罪は死の原因です。そうすると、私たちが聖霊の考え方に従おうとして、「この世界は実在せず、分離の罪は一度も起こらなかった」と証明したいのなら、ただ「罪には何の結果もない」と証明しさえすればいいということになります。もし私たちが、その原因は結果を生まなかったと証明できるなら、そのときは、その原因はもはや存在できなくなります。実在するものはすべて原因であるはずであり、したがって、結果をもたらすはずです。もし結果を取り去るなら、私たちはその原因も取り除いていることになります。

さて、この世界における罪の最大の結果が死であるというのなら、「死は幻想である」と実証することが、同時に、「罪は存在しない」ということも実証することになります。これはまた、分離は一度も起こらなかったと宣言することにもなります。ですから、私たちには、死は存在しないということを私たちに示してくれる誰かが必要だということになります。その人が死を取り消すことによって、罪も取り消すことになり、同時に、分離は存在しない、分離は一度も起こらなかった、そして唯一の実相すなわち唯一の真の原因は神であると、私たちに示してくれることになります。その人というのがイエスだったのです。そして彼の使命は、「死は存在しない」ということを実証することでした。

因果律の原理は、次の図3に要約できます。

図3

	原因　←——→　結果
天国	神（父）←——→キリスト（子）
世界	罪　←——→苦しみ、病、死

福音書は、イエスのことを「世の罪を除き給う神の子羊」と呼んでいます。彼が世の罪を取り除いた方法というのが、「罪は結果をもたらさなかった」と実証することだったのです。彼は、死を克服したことによって、すべての罪を取り除きました。けれども、キリスト教会はこのようには理解しませんでしたし、このように教えることもしませんでした。ですから、一つには、この誤りを訂正するために、『講座《コース》』は今の時代にこのような形でやってきたのです。イエスが行なったことというのは、この苦難と罪と死の世界の中に生き、それが彼には何の影響も与えなかったと示すことでした。

復活—死という夢から覚めること

『奇跡講座』の基本原理のすべてが、イエスの復活が実際に起こったという理解に立脚しています。厳密に言えば、復活というのは、死という夢から覚めることにすぎません。ですから、復活は、心だけに関わるものであり、肉体とは関係がありません。けれども、『講座《コース》』は、伝統的キリスト教用語の用法に忠実に、伝統的キリスト教の理解に相当する意味の「復活」という言葉を頻繁に使用しています。イエスは、「私が無駄に死んだと教えてはならない。そうではなく、私があなたの中に生きていることをあなたが示すことによって、私は死んではいないと教えなさい」(T-11.VI.7:3-4)と言っています。また、同じことを別の形でも何度も述べています。ということはつまり、理解することが決定的に重要なのは、「死は存在しない」ということなのです。というのも、死が実在するのなら、その他のあらゆる形の苦しみも実在することになってしまい、神は死んだことになるからです。更に、もし罪が実在するのなら、神の一部が自らを神から分離させたということになり、単一の神は存在し得ないということになってしまいます。しかし神と神の子は、決して分離させられるものではありません。

ですから、イエスは、この世界の実在性を最も雄弁に語る証人である「死」というものを相手にして、それが自分に対して何の支配力もないことを示したのです。それが、彼の人生と使命と役割がもっていた意味のすべてでした。死を克服するということは、死は実在せず、その原因のように見えるものも実在せず、したがって私たちは実際には自らを父なる神から分離させたことはなかった、と実証することです。これが、分離の取り消しです。

『講座《コース》』は聖霊のことを〈贖罪〉の原理として語っています。それはどういう意味かというと、分離が起こったかに見えたその瞬間に、神は聖霊を私たちの中に置き、そのようにして聖霊が私たちの中に置かれたことによって、分離が取り消された、ということです。それが〈贖罪〉の原理でしたが、この原理はこの世界の中に顕現されることが必要でした。そして、イエスこそが、自らの人生、死、復活を通して、この〈贖罪〉の原理を顕現した人だったのです。

すでに述べたとおり、『講座《コース》』から恩恵を受けるためには、イエスを、自分の個人的な救い主とか、主とか、そういった存在として信じる必要はありません。けれども、たとえ私たちがイエスを信じなくても、何らかのレベルにおいて、復活は起こり得たことだという事実は、受け入れなければなりません。究極には、死が幻想であるという事実を受け入れることをしなければ、『講座《コース》』を受け入れることはできません。私たちはこれを直ちに行なう必要はありませんし、また、これを私たちの人生の中に完全に統合する必要もありません。なぜなら、完全に統合したなら、その瞬間に、私たちはもはやここにはいなくなるからです。ただ、それがゴールである、ということです。しかし、知的レベルの概念としては、それがこのコースの全思考体系に欠くことのできない部分であると認識しなければなりません。

質問：「もはやここにはいなくなる」とおっしゃいましたが、それは私たちが死ぬという意味ですか？

回答：というよりも、むしろ、自分自身の〈贖罪〉のためにここに居続ける必要はなくなる、という意味です。いつかは、私たちは自分がここにいる目的を果たすことになるわけです。その目的が果たされたとき、私たちは肉体を横たえて、故郷に帰ることができます。これは良いことなのです。普通私たちが考えるような不吉なことではありません。

手本としてのイエス

この因果律の原理は、また赦しのレベルにも当てはまります。イエスはこれを実証する最高の手本と言えるものをいくつか示してくれています。

先ほどお話した例に戻って、私がここに座っているところに誰かがやってきて私を攻撃した、という状況を想像してみてください。もし私が〈正しい心の状態〉にいない場合は、私はその人を自分の苦しみの原因と見なします。そうすると、私の苦しみは、その人の罪の結果ということになります。「自分は傷ついた」という私の反応は、その人が罪を犯したという事実を強化することになります。

けれども、もし私が〈正しい心の状態〉にいるなら、私はもう一方の頬を差し出します。というのはつまり、私は傷つかなかったのだから、その人が私に対して犯した罪は何の結果ももたらさなかった、ということを、その人の目前に示すということです。結果を無効にすることによって、私は原因も無効にしています。それが真の赦しです。

イエスは、彼の復活を通してだけではなく、人生の終盤におけるさまざまな行為によっても、この手本を示してくれました。これは「テキスト」の中の非常に強力なセクション「十字架刑のメッセージ」(T-6.I.)の中で提示されています。人々は彼を攻撃し、はずかしめ、あなどり、侮辱し、最後には殺してしまいました。そのように彼に対して罪を犯したことで、彼らは彼の苦しみの原因となったかのように見えました。それでも彼は反撃せず、ただ彼らを愛し、赦し続けましたが、その事実が、「彼に対する彼らの罪は結果をもたらさなかった、だから彼らは罪を犯さなかった」ということを示す、彼のやり方だったのです。彼らはただ、間違っていただけでした。そして、ただ助けを求めて叫んでいただけでした。そしてイエスは、この世界に生きていた間だけでなく、もちろん復活においても、同じやり方で私たちの罪を赦したのです。彼の復活は、世界が彼を殺害したことの罪は結果をもたらさなかったということを、はっきりと宣言しました。彼は今も、私たちと共にいます。ですから、彼らが彼を殺すことなどできたはずがありません。ということは、彼らは罪を犯さなかったということになります。彼らは単に、自らの「罪」を間違った見方で見ていただけでした。それが、『奇跡講座』が説く聖霊による赦しの計画です。何の結果も生じなかったと示すことによって、原因を取り消すのです。

世界中で一番むずかしいことは、攻撃に対して赦しをもって応じることです。それでも、それだけが、神が私たちに求めていることです。そしてまた、それだけが、イエスが私たちに求めていることです。そして素晴らしいことには、彼はこれがどのように為されるべきかという完璧な手本を私たちに示してくれただけでなく、私たちが同じことをするのを手伝うために、私たちの中にとどまってくれたのです。自分の中に、自分を保護し、愛し、慰めてくれる誰かがいて、攻撃する人にその愛を分け与えてほしいと自分に求めているということを知らなければ、この世界の攻撃に立ち向かうことができる人は一人もいません。私たちは彼の助けがなければ、これを行なうことはできません。だからこそ、イエスは『講座《コース》』の中で、何度も繰り返して私たちに懇願しているのです。あなたが赦すことができるように、彼の助けを受け入れてほしい、と。

質問：　ということは、つまり、私たちが誰かから攻撃された後に真にその人を赦すなら、その時に赦しを行なっているのは私たちの自我ではなくて、私たちが聖霊を顕現するものに「なって」いて、赦しを行なっているのはその聖霊だということなのですか？

回答：そうです。イエスが『講座《コース》』の中で、彼が聖霊を顕現するものであると言うとき、彼は自分がそれ以外の声はもっていないという意味で言っています。聖霊は、神を代弁する声と描写されています。神には二つの声はありません。イエスにはもはや自我がありませんから、彼が使える唯一の声は聖霊の声のみであり、彼はその声が顕現されたものです。私たちが彼と一体感を持てる度合いに応じて、また、私たちがこの世界についての彼の知覚（キリストの心眼《ヴィジョン》）を共有し、彼につながることができる度合いに応じて、私たちもまた聖霊を顕現するものとなり、私たちの声が聖霊の声となります。そうなれば、私たちが口を開くたびに聞こえてくるのは、聖霊の声となりす。そして、それこそが、本当に、イエスが私たちに求めていることなのです。

『講座《コース》』の中で最も美しい文言の一つは、「ワークブック」の復習五の序文の中にあります（W-pI.rV.9:2-3）。これは、「ワークブック」の中では数少ない、イエスが自分自身について語る部分の一つです。要約すると、そこには、「私はあなたの目と、手と、足を必要としている。私はあなたの声を必要としている。その声を通して私がこの世界を救うのである」といったことが書かれています。つまり、私たちと一緒でなければ、彼は世界を救うことはできない、と言っているのです。これが、「テキスト」の「あなたが私を必要としているのと同じくらい、私もあなたを必要としている」（T-8.V.6:10）という文で、イエスが意味していたことです。彼の声は、私たちを通してでなければ、世界で聞かれることはありえません。なぜなら、そうでなければ、誰もそれに耳を傾けられないからです。この世界の中で、肉体をもった人々に聞こえるようにするためには、彼の声は具体的な形や、肉体をもった人々を通してやってこなければならないのです。そうでなければ、彼は常に、ほとんど意味のない象徴的な抽象概念にとどまることになります。彼が私たちを通して語るのに十分なだけ、私たちが自我を手放すことを、彼は必要としているのです。ニューマン枢機卿による美しい祈りがあります。「そして彼らが私を見るとき、彼らが私を見ずに、ただイエスのみを見ることができますように」というものです。同じように、人々が私たちが話すのを聞くとき、私たちの声ではなく、イエスの声のみを聞くことができますように、と言うことができるでしょう。

歴史上のイエス、つまり、十字架にかけられてから、「死人の中よりよみがえった」者としてのイエスと、個人的に一体感をもつ必要はありません。更に言えば、このコースの作者あるいは教師としての彼と一体感をもつことも必要ありません。しかし、彼を赦すことは必要です。彼を赦していないのなら、私たちは、本当は自分自身を責める理由となっていることがらを、彼のせいにしているのです。イエスは私たちに、彼を教師として個人的に受け入れるようにと求めてはいません。彼はただ、彼を異なった見方で見て、他の人々が彼について作り上げてしまった虚像の責任を彼にとらせないようにと、あなたに懇請しています。『講座《コース》』の中で、聖霊は次のように言っています。「イエスはこの世界にとって一人の兄弟になろうとしているだけだというのに、いくつものおぞましい偶像が彼についてつくり出されてきた」(C-5.5:7)と。フロイトが「私はフロイト学徒ではない」と言ったように、イエスも、「私はキリスト教徒ではない」と言うことができるかもしれません。ニーチェは、最後のキリスト者は十字架の上で死んでしまったと言いました〔訳注22〕が、それは残念ながら、おそらく本当のことと言えそうです。

ですから、要約として、イエスを私たちの学びのための手本とするようにという、『講座《コース》』に出てくるイエスの言葉（T-5.II.9:6-7; 12:1-3; T-6. in. 2:1; T-6. I.7:2; 8:6-7）〔訳注23〕を、私たちは思い起こしたいと思います。これはもちろん、私たちも彼と同じように十字架にかけられなければならないという意味ではありません。そうではなく、私たちは彼の死が持つ意味と一体感をもつ必要がある、ということです。つまり、私たちが、「自分は不当に扱われている。無実の自分は、自分にひどいことをするこの世界の被害者だ」と感じたい誘惑にかられていると気づいたとき、私たちはイエスの手本を思い出して、彼に助けを求めるべきだという意味です。この世界の目には、彼は疑いなく、無実の罪を着せられた被害者でしたが、それでも彼はそうした知覚を共有しませんでした。ですから、彼が私たちに求めているのは、ふつうは彼の人生ほど極端ではない状況において、次の二つのことを思い出すことです。一つは、私たちは、自分で自分が被害者だと考えることによってしか、被害者になることはない、ということ。二つめは、私たちの平安と、私たちの真のアイデンティティーである神の愛は、他の人々の言動によっても、また直接自分に向けられたかに見える言動によってさえも、決して影響されることはない、ということです。

このように思い出すことが赦しの基礎であり、私たちがそれを学ぶように導くことが、『奇跡講座』の目的なのです。

第5章訳注

〈訳注21〉(T-19.II.3:6)「というのも、罪の支払う報酬はたしかに死であり、不死なる者は死ぬことはありえないからである。」

〈訳注22〉フリードリッヒ・ニーチェ著「Der Antichrist(反キリスト者)、一八八八年刊」からの引用。

〈訳注23〉(T-5.II.9:6-7)「私はあなたにとっての決断の手本である。私は、**神**を選ぶ決断をしたことによって、この決断が可能であることと、あなたにもその決断ができることを示した。」

(T-6.in.2:1)「あなたは私を学びの手本とするようにと求められているが、それは極端な例というものが格好の学習手段となるからである。」

訳者あとがき

本書『奇跡講座入門』は、『奇跡講座』（A Course in Miracles）の理解および解説においては第一人者として名高いケネス・ワプニック博士が、一九八一年に行なった講話の翻訳であり、ワプニックの著作の邦訳としては、二作目にあたる。しかし、前作『天国から離れて』（中央アート出版社刊）には伝記や回想録的な要素も含まれるので、純粋な解説書としては、本書が初の邦訳となる。ワプニックの膨大な数の著作や講義の中では、本書は最も初歩的な小品ではあるが、おそらく最高の入門書と言えるだろう。初心者には必読の書であると同時に、すでに学習中の方々にとっても、必ず益するところがあることと思う。初版以来、二十八年間、たび重なる増刷を重ね、数ヶ国語に翻訳されてきたことも頷ける、中身の濃い入門書である。

また、本書は講話を文章化したものであるため、訳文においても、原文にある会話調のくだけた雰囲気を出すように努めた。とりわけ、読みやすく、わかりやすくするために必要と判断した場合は、原文の形からかなり離れた訳し方をした部分もあるが、これは原文の真意をよりよく表現するための形の上での調整であり、内容においては、あくまでも著者の意図に忠実な訳であることをお断りしておく。

本書で部分的に引用した『奇跡講座』自体の邦訳についても一言述べておくと、ワプニック博士が監修し、発売元「内なる平安のための財団」が翻訳の正確さを保証する「公認の邦訳」は、様々な事情により当初の予定より完成が遅れているが、現在、最終段階の作業が進行中である。進行状況、その他の関連情報は、『奇跡講座』学習支援サイト（jacim.com）で、随時、ご報告しているので、関心のある方々にはそちらを参照していただきたい。

さて、『奇跡講座』の内容については本書を読んでいただくとして、ここでは、もう少し広い視野から見たこのコースの輪郭について、ごく簡単に述べておく。

このコースは、しばしば、「イエス・キリストからのメッセージがチャネリングされたもの」として紹介されることがあるが、厳密に言うなら、それは正確ではない。確かに、あるレベルにおいては、これは「イエス」から口述されたコースではあるが、このコース自体が、究極的には「イエス」とは象徴に過ぎないと述べており、そうした象徴は真の実在のレベルではないということを明確にしている。ということはすなわち、このコースの基盤をなすのは一元論の形而上学であるということであり、その理論によれば、霊的なレベルといえども、段階が設けられていたり自他の区別があったりする二元性のレベル（「チャネリング」などもここに含まれる）はすべて幻想と見なされる、ということである。

しかも、このコースの一元論は、いくつかある一元論的思想の中でも、最も妥協のない絶対的一元論であり、「実在するのは唯一の神のみであり、その他はすべて幻想である」と捉える思想である（本書の第二章を参照）。

「この世は幻想である」と説く教えは決して珍しくはないが、このコースの特徴は、理論面ではこのように全く妥協のない徹底した一元論の思想でありながら、実践面においては、私たちの日常生活のレベルまで降りてきてくれるという点である。この世界や肉体は幻想であると教えながらも、それを無意味または邪悪なものとして拒絶したりはしない。それどころか、幻想の中にいる私たちのことをよく理解し、私たちにとっては実在していると思えるレベルから始めて、徐々に幻想から目覚める道を示してくれる。そのための手段となるのが赦しであり、その実践によって培われていくのは、この世で何が起こっても決して揺らぐことのない心の平安である。

また、このコースの形態に目を向けるなら、面白いことに、このような「悟りへの道」が、大学の講義のように、教科書やワークブックの揃った「カリキュラム」の形で提示され、普遍的な教えでありながらもキリスト教の言葉で語られており、更には、それがフロイトの心理学と見事に統合されている。しかもこれは独習書であり、その背後には全く宗教組織のようなものは無く、独習し続けているうちに、心の中の「内なる教師」に導かれるようになっていく。このように、これは宗教思想史的に見ても他に類のない非常にユニークな教えである。

しかし、このようなユニークさに加えて、膨大な著作であることも相俟って、なかなかその本質が正しく理解されにくいことも事実である。初版の発売以来、原書を読む人々の間でも、様々な安易な解釈が横行し、それがそのまま日本語にも翻訳されてきた。そして、そうした解釈には、本書で解説されているような基本原則の理解が欠けているものが多い。このような状況を鑑みれば、ヘレン・シャックマンが書き取ったコースに忠実な解説の講義・執筆を、過去三十年以上、一貫して続けているケネス・ワプニックの業績は大きい。

本書が、多くの人々にとって、ワプニック博士の解説する『奇跡講座』の深さと面白さと真価を発見するための一助となれば幸いである。

最後に、本書の訳文原稿を読んで適切な助言をし、編集作業を手伝ってくださった澤井美子氏、本書の刊行を喜び、日本語版への前書きを書いてくださったワプニック先生、本書の刊行を企画をしてくださった、中央アート出版社社長・吉開狭手臣氏、企画開発部長・阿久津忠氏に、感謝を捧げる。

二〇一一年春

加藤三代子

『奇跡講座』（原題 A Course in Miracles）について

コロンビア大学医学部医療心理学科の助教授であったヘレン・シャックマンが「内なる声」による口述を聞き、書き取った原稿を、本にしたもの。この書き取りは、同学科の上司にして同僚であったウィリアム・セットフォードの協力を得ながら、一九六五年十月から一九七二年九月までの七年間続けられ、一九七六年に「内なる平安のための財団（Foundation for Inner Peace）」から、『奇跡講座』（三部作）として出版された。

現在は、ヘレン・シャックマンにより同様に書き取られた二つの補足小冊子：Psychotherapy（精神療法）The Song of Prayer（祈りの歌）も一緒に収録した第三版 A Course in Miracles: Combined Volume（奇跡講座合併版）が同財団から出版されている。（写真）

『奇跡講座』構成

「テキスト」（原文にして669ページ）

「奇跡の意味」と題する第一章から始まり第三十一章まで、全部で31の章で構成される。各章が更に細かなセクションに分かれており、このコースの教義が様々な側面から説かれている。

「受講生のためのワークブック」（同488ページ）

基本的に、レッスン1からレッスン365までの1年分のレッスンからなる。各レッスンにおいては、その日の主題概念とその適用法が示され、「思考の逆転」を目指して、日々の演習を行なっていく形となっている。

「教師のためのマニュアル」（同92ページ）

実際には「マニュアル」と「用語の解説」の二部から構成されている。前者は29の質問とそれに対する答えからなり、後者においてはこのコースで使用されているいくつかの基本的な言葉について、解説が与えられている。

付録
『奇跡講座』の教義

『奇跡講座』の簡略な紹介文を求める多くの要望に応えて、一九七七年にヘレンは三部からなる小冊子をもたらした。後にこのコースの「前書き」となった「奇跡講座：その由来、構成、教義」である。最初の二つの部分はヘレン自身が執筆し、最後の部分はイエスから口述されたものを筆記した。この「教義」の部分は、『奇跡講座』が説く原理の素晴らしい要約となっているので、以下にその全文を紹介する。

＊＊＊＊＊＊＊

実在するものは脅かされない。
実在しないものは存在しない。
ここに**神**の平安がある。

『奇跡講座』はこのように始まる。実在するものと実在しないもの、すなわち智識と知覚を、根本的に区別する。智識は真理であり、それは愛すなわち**神**の法である一なる法則のもとにある。真理は不変であり、永遠にして明瞭なものである。真理が認識されないということはあり得るが、変更されることはあり得ない。真理は**神**が創造したものすべてにあてはまり、**神**が創造したもののみが実在する。それは時間もプロセスも超越したものであるから、学ぶことができるものではない。真理に対極はなく、始めも終わりもない。真理はただ在るのみである。

一方、知覚の世界には時間や変化があり、始めと終わりがある。この世界は解釈に基づいており、事実に基づくものではない。それは誕生と死のある世界であり、欠乏、損失、分離、死を信じる信念の上に築かれている。それは賦与されたものではなく、学ばれたものであり、その知覚が重視する対象は選択され、その機能は不安定、その解釈は不正確である。

智識と知覚の各々から、あらゆる点で正反対の二つの思考体系が生じる。智識の領域では、**神**から離れて存在する想念はない。**神**とその**被造物**は一なる意志を共有しているからである。しかし知覚の世界は、相対立するものごとや複数に分離した意志を信じる信念によって作られており、そうした意志はお互いの間および**神**との間で絶え間なく葛藤している。知覚が見聞きするものはあたかも実在するかに見えるが、その理由は、知覚する主体である本人の願望に一致するもののみが自覚されるからである。これが、幻影の世界を作り上げる。その世界は、それが実在しないというまさにその理由ゆえに、絶え間ない防衛を必要としている。

知覚の世界に捕らえられている時、あなたは夢の中に閉じ込められている。助けがなければ、あなたがそこから逃れることはできない。なぜなら、五感があなたに見せるものはすべて、その夢の実在性を証言するだけだからである。**神**は、そこから抜け出す唯一の**道**にして真の**助力者**である**答**を与えた。二つの世界を媒介することが、**神の声**すなわち**神の聖なる霊**のはたらきである。**聖霊**にこれができる理由は、**聖霊**が一方では真理を知っており、他方では、私たちの幻想を信じ込むことなくそれを幻想と認識するからである。**聖霊**の目的は、私たちの思考を逆転させ、私たちが学んでしまった間違いを白紙に戻す方法を教えることによって、私たちが夢の世界から脱け出すのを助けることである。この思考の逆転をもたらすために**聖霊**が用いる大いなる学びの補助手段が、赦しである。ただし、『奇跡講座』はこの世界について独自の定義をしていると同様に、何が真の赦しであるかについても独自の定義をしている。

私たちの見ている世界は、自らの内なる判断基準を映し出しているにすぎない。すなわち、心の中にある支配的な観念や願望や感情の反映である。「投影が知覚を作り出す」（テキスト第二十一章・序・1）のである。私たちは最初に自分の内を見て、どのような世界を見たいかを決め、それからその世界を外に投影し、自分が見ているままにそれを真理とする。私たちは自分に見えているものが何であるかという自分の解釈によって、それを真実にする。もしも、怒り、攻撃衝動、何らかの形で表われる愛の欠如といった自分の間違いを正当化するために知覚を用いているなら、私たちは邪悪さ、破壊、悪意、羨望、絶望の世界を見ることだろう。こうしたすべてを赦すことを、私たちは学ばなければならない。それは、私たちが「善良」で「情け深い」からではなく、私たちに見えているものが真実ではないからである。 私たちは歪んだ防衛により世界を歪曲してしまったので、本来はそこに存在しないものを見ている。知覚上の誤りを認識することを学ぶとき、私たちはまた、そうした誤りを超えたところを見ること、すなわち、「赦すこと」を学ぶ。同時に私たちは自分自身をも赦し、歪曲された自己概念を超えて、**神**が私たちの内に、私たちとして創造した**自己**を見る。

罪は、「愛の欠如」（テキスト第一章・IV・3）と定義される。愛は存在するすべてであるから、**聖霊**から見れば、罪とは罰せられるべき悪ではなく、正されるべき間違いである。力不足、弱さ、もの足りなさといった私たちが抱く感覚は、幻影の世界全体を支配している「欠乏の原理」への強い執着に由来している。そうした観点から、私たちは自分に欠けていると感じているものを他者の内にさがし求める。私たちが他者を「愛する」のは、自ら何かを手に入れるためである。実はそれこそが、この夢の世界において愛だと思われているものの正体である。これ以上の大きな間違いはない。なぜなら、愛には、何かを要求するなどということはできないからである。

心だけが真につながり合うことができるのであり、**神**がひとつにつないだものは、いかなる人間も引き離すことはできない（テキスト第十七章・III・7）。しかし、真の融合は**キリスト**の心のレベルにおいてのみ可能であり、実際には、それは一度も失われたことはない。「卑小な自分」は、外界からの承認、外界における所有物、そして外界における「愛」により、自らを補強しようとする。**神**の創造した**自己**は何も必要としない。それは永遠に完全であり、安全であり、愛され、愛するものである。それは獲得するのではなく分かち合おうとし、投影するのではなく延長しようとする。それは何も必要とせず、豊かさを相互に自覚しているので他者とつながることを望む。

この世界の「特別な関係」は、破壊的で利己的、そして幼稚なほど自我中心的である。しかし**聖霊**に委ねられたとき、そうした関係は、地上で最も**神聖**なものと**なり、**天国へ戻る道を指し示す奇跡となる。この世界は、「特別な関係」を除外という究極の武器として、また分離を実証するものとして用いる。**聖霊**はそれらを、赦しの完璧なレッスン、夢から目覚めるための完璧なレッスンへと変容させる。その一つ一つが、知覚が癒され、誤りが正されるための機会である。そのどれもが、他者を赦すことにより自分自身を赦すための新たなチャンスである。更には、その一つ一つが、**聖霊**を、そしてまた**神**の思い出を新たに招聘するものとなる。

知覚は肉体の機能であり、したがって、自覚に課せられた限界に相当する。知覚は肉体の眼をもって見、肉体の耳を通して聞く。それは肉体が作り出す限られた反応を引き起こす。肉体は概して自らの動機によって動く独立したものであるかに見えるが、実際は、心が持つ意図に応答するだけである。心が肉体を何らかの形の攻撃に使いたいと思うなら、肉体は病気や老化や衰退の餌食となる。一方、心が**聖霊**の目的を受け入れるなら、肉体は他者と親交《コミュニケート》するための有用な手段となり、必要とされる間は傷つくことなく、その役割が終われば静かに横たえられるものとなる。肉体はそれ自体では良くも悪くもない。これはこの世界のすべてのものごとと同様である。それが自我の目標のために使われるか**聖霊**の目標のために使われるかは、ひとえに、心が何を望むかにかかっている。

　肉体の眼を通して見ることの反対が、**キリスト**の心眼《ヴィジョン》であり、それは、弱さではなく強さを、分離ではなく一致を、恐れではなく愛を映し出す。肉体の耳で聞くことの反対は、**神**を代弁する**声**を介した親交《コミュニケーション》であり、その**声**である**聖霊**は、私たち一人一人の内に宿っている。その**声**はか細くて聞き取りにくいもののように思われているが、その理由は、卑小な分離した自己を代弁する自我の声の方がずっと大きいかのように感じられるからである。これは実際には逆である。**聖霊**は間違えようのない明瞭さと、圧倒的な魅力をもって語る。自らを肉体と同一視することを選択しない者であれば、**聖霊**の解放と希望のメッセージが聞こえないということはあり得ない。また、哀れな自画像と引き換えに、喜んで**キリスト**の心眼《ヴィジョン》を受け入れられないはずがない。

　キリストの心眼《ヴィジョン》は**聖霊**の贈物であり、分離という幻想や、罪・罪悪感・死の実在性を信じる信念に代わるものとして**神**により用意されている選択肢である。それはすべての知覚の誤りに対する一なる訂正であり、この世界が依拠している相対立するように見えるものごとの間の和解である。その優しい光はあらゆるものを新しい視点から見せ、智識から生じる**思考体系**を映し出し、**神**のもとに戻ることを可能にするだけでなく、不可避とする。ある者に対し他者から為された不正義と見なされてきたことは、今や助けと融合を求める声となる。罪や病気や攻撃は、優しさと愛による癒しを求めている誤まった知覚と捉えられる。攻撃の無いところに防衛は不要なので、防衛は放棄される。私たちが**神**へ向かうとき、兄弟は共にその旅をしているので、彼らの必要は私たちの必要となる。私たちがいなければ、彼らは道に迷ってしまう。彼らがいなければ、私たちは自らの道を決して見出すことはできない。

赦しの必要性など想像することもできない天国にあっては、赦しは知られざるものである。しかしこの世界においては、赦しは私たちの犯したすべての間違いに必要な訂正である。赦しを差し出すことが、私たちが赦されるための唯一の方法である。それが、与えることと受け取ることは同一であるという天国の法則を反映するからである。天国とは、**神**に創造されたままの**神**の子供たちの自然な状態である。それが永遠に**神**の子供たちの実相である。忘れられてきたからといって、そうであることに変わりはない。

赦しは私たちが思い出すための手段である。赦しによって世界の思考は逆転する。赦された世界は天国への門となる。なぜなら、その慈悲により、私たちはついに自らを赦すことができるようになるからである。誰のことも罪悪感の虜にせずにおけば、私たちが自由になる。全ての兄弟の内に**キリスト**を認めることにより、私たちは自らの内に**キリストの臨在**を認識する。誤った知覚の全てを忘れ、過去からの何ものにも引き止められないとき、私たちは**神**を思い出すことができる。ここから先にはもう学びはない。私たちの準備が整ったとき、私たちが**神**のもとに戻るのに必要な最後の一歩を、**神ご自身**が踏み出してくれるだろう。

【著者略歴】

ケネス・ワプニック：

心理学博士。1968年、アデルファイ大学より、臨床心理学の博士号を取得。1972年にヘレン・シャックマンとウィリアム・セットフォードに出会い、1973年から『奇跡講座』を自らのライフワークと自覚し、以後、その解説や執筆に従事。1983年に、妻グローリアと共に、『奇跡講座』教育機関である「奇跡講座のための財団〔FACIM〕」を設立し、ワークショップなどを開催している。

【訳者略歴】

加藤三代子：

米国ペンシルベニア州マンスフィールド州立大学卒業（イギリス文学専攻。キリスト教と西洋哲学にも親しむ）、オハイオ州立大学大学院卒業（日本語言語学・日本文学で修士号取得。更に、政治学科国際関係論修士課程でコースワークを修了）。米国人学生対象の日本語教育の道を進み始めるが、翻訳業に転向。在米の二つの国際組織本部の翻訳者としての翻訳経験、通算12年。その他、フリーの翻訳経験多数（米国連邦政府下の研究機関対象から、スピリチュアルな分野まで多様）。公認邦訳チームの一人として、長年に渡り、ケネス・ワプニック博士から直接、『奇跡講座』を学ぶ。訳書：「天国から離れて」（共訳）、「サラとソロモン」他

(SB535)

奇跡講座入門

2011年7月30日　第1刷発行
2012年7月13日　第2刷発行

著者 ―――――――― ケネス・ワプニック

訳者 ―――――――― 加藤三代子

発行者 ――――――― 吉開狹手臣

発行所 ――――――― 中央アート出版社
CHUO ART PUBLISHING CO.,LTD.
〒101-0031　東京都千代田区東神田1-11-4
電話03-3861-2861（代表）
郵便振替　東京00180-5-66324
●
http://www.chuoart.co.jp
E-mail:info@chuoart.co.jp

製版・印刷・製本 ―― 中央精版印刷株式会社

カバー・表紙印刷 ―― 新灯印刷株式会社

装幀 ――――――――― 山上洋一

ISBN978-4-8136-0640-6
落丁・乱丁はお取り替えいたします。

中央アート出版社　**奇跡講座関連図書**

奇跡講座　ワークブック編

加藤三代子・澤井美子共訳

A5判／上製　定価（本体4600円＋税）

『奇跡講座』三部作――「テキスト」「受講生のためのワークブック」「教師のためのマニュアル」――の中の一編「受講生のためのワークブック」の邦訳版。「テキスト」の理論に基づいて心の訓練を行なうための365のレッスンから成る。原書 A Course in Miracles の版元「内なる平安のための財団（FIP）」後援による翻訳プロジェクトの一環として、厳選された翻訳者により、「奇跡講座のための財団（FACIM）」理事長ケネス・ワプニック博士の監修下に、原書全体の理解にもとづいて翻訳されている。「内なる平安のための財団」が正式に認定する唯一の邦訳。